Nachhaltigkeit ist uns wichtig!
Mit diesem Buch unterstützen Sie eine ökologische Produktion. Wir verwenden FSC-zertifizierte Papiere, drucken mit mineralölfreien Druckfarben, verzichten auf das Einschweißen in Plastikfolie und achten auf kurze Transportwege.

Einfach nachhaltig

Caroline Deiß

Fotografie: Sylwia Erdmanska-Kolanczyk

Die Magie der Stadtpflanzen

Urbane Wildkräuter erkennen, sammeln, zubereiten

35 Kräuter. 55 Rezepte

CHRISTIAN

VORWORT

Jahrtausendelang war es üblich, Kräuter zu sammeln und sie in Speis und Trank zu verarbeiten, um ihre Kraft für den Menschen nutzbar zu machen und damit über das ganze Jahr gesund zu bleiben. Die Menschen redeten und kommunizierten mit ihren grünen Zeitgenossen, denn sie erkannten in ihnen einen Geist und eine Persönlichkeit, die ihnen immer wie gute Freunde zur Seite standen. Was damals gang und gäbe war, gilt bis heute: Wer Blumen, Kräuter und Bäume wie einen Schatz betrachtet, davon etwas selbst sammelt und in seinen Speiseplan einbaut, der wird erkennen, dass sie wahre Wunder vollbringen können.

Und selbst sammeln, das kann man auch in der Stadt!

Denn dort wachsen Hunderte von essbaren Früchten, Samen, Wurzeln und Kräutern. Überall sprießt und gedeiht eine Fülle von Wildpflanzen, wie zum Beispiel Bärlauch, Giersch oder Brennnessel, aus denen man viel Köstliches zubereiten kann. Etwa einen wärmenden Fichtentee für den Abend, ein leichtes Kräuterbutterbrot für den Mittag oder für morgens ein kräftiges Müsli mit Nüssen und Samen aus dem Stadtpark – und und und. Dabei ist das frische Grün oft noch nährstoffreicher als Produkte aus dem Supermarkt und kann überwältigende Aromen bieten. Die Grünflächen in urbanen Gegenden halten also köstliche Schätze für uns bereit. Kostenlos und völlig umsonst kann man diese dort das ganze Jahr über sammeln. Wir müssen nur genau hinschauen und zugreifen.

Einmal damit begonnen, lässt so manchen die Sammelleidenschaft nicht mehr los. Ob beim Spaziergang mit Freunden durch den Schlosspark, bei einer Radtour entlang der zahlreichen Bachläufe oder auf dem Weg zur Arbeit über eine Grünfläche: Überall winken sie uns zu, die pflanzlichen Weggenossen, und warten nur darauf, uns einen knackigen Salat, ein würziges Omelett oder einen erfrischenden Kräuter-Smoothie mit ihren wunderbaren Aromen zu veredeln.

Dabei haben selbst die einfachsten Blättchen ihren Wert, und bereits eine Handvoll genügt häufig, um den Bedarfshaushalt an dem ein oder anderen Vitamin zu decken und Speisen in eine wertvolle Mahlzeit zu verwandeln. Zudem wachsen Wildkräuter ständig wieder nach, ohne dass jemand sie anpflanzen muss. Sie wurden uns von der Natur geschenkt und vergehen nie. Einmal – in Maßen! – abgeschnitten entwickeln sie nach wenigen Tagen während der gesamten Vegetationsperiode von März bis Oktober wieder neue Blätter. Einige treiben sogar im Winter – auch unter der Schneedecke – aus, wie zum Beispiel die Brennnessel. Selbst in zugefrorenen Bächen, Quellen und Brunnen wurzeln Brunnenkresse, Bachbunge oder bitteres Schaumkraut und arbeiten unter dem Eis kaum hörbar daran, es zu durchbrechen, sich den rufenden Sonnenstrahlen entgegenzustrecken – weiter zu wachsen und zu gedeihen, mitten in der Stadt.

Nun wünsche ich Ihnen herrliche Erlebnisse und viel Freude beim Entdecken von wahren Wundern auf den einmaligen und zauberhaften Naturflecken jeder Stadt.

Caroline Deiß

INHALT

WILDKRÄUTER & STADTPFLANZEN

WILDGEMÜSE: BESTE ENERGIEQUELLE

Essbare Wildpflanzen sind wahre Kraftprotze. Sie enthalten Vitamine, Mineralstoffe, Spurenelemente, Aminosäuren, Enzyme und sekundäre Pflanzenstoffe in riesigen Mengen. Sie entsäuern und entschlacken unseren Organismus. Sie »putzen« unsere Adern, versorgen unseren Körper mit Sauerstoff und wirken blutbildend. Grüne Kost stärkt das Immunsystem und enthält Glückshormone, die gute Stimmung garantieren. Der grüne Lebenssaft Chlorophyll verhilft zu Power, Schwung und guten Nerven. Er bringt den Körper so richtig in Fahrt, steigert die Leistungsfähigkeit und ist die einzige Substanz, die gespeicherte Sonnenenergie an die menschlichen Körperzellen weitergibt. Kurzum: Er transformiert Pflanzenkraft in pure Lebensenergie. Essbare Wildpflanzen gelten somit völlig zu Recht als Superfood.

Mit ihrer großen Wirkungsweise sichern Kräuter & Co. seit Jahrtausenden das Überleben der Menschen. Wer sich damit auskannte, lebte autark(er), selbstbewusst(er) und frei(er). Mittlerweile hat sich die grüne Kraft aus der Natur von der Urnahrung zum wertvollen Trendgenuss entwickelt, denn sie ist unseren Kulturgemüsen und -kräutern aus dem Supermarkt haushoch überlegen. Und: Mit ihr kehren schon lange vergessene Aromen zurück in unsere Speisen und veredeln jeden Bissen mit einer ganz besonderen Geschmacksnote.

Planetarische Kräuterkunde

Die sieben Planeten Sonne, Mond, Jupiter, Saturn, Mars, Merkur und Venus erhalten uns nach volkstümlicher Astrologie und Heilkunst am Leben. Jeder findet in sich diese Sternenkräfte, die durch Kräuter stimuliert werden und die Selbstheilungskräfte aktivieren. Es heißt, alle sieben Himmelskörper würden für jeden seiner Art erstrahlen und so würde sich der Pfad zu seinem Lebensglück weit öffnen. Laut Paracelsus (Schweizer Arzt, Naturphilosoph, -mystiker, Alchemist und Sozialethiker, 1494–1541) würden sie jedem, der ihren Wert erkennt, alle Geheimnisse offenbaren. Seine Philosophie: Wenn der Mensch Kräuter isst, isst er die enthaltene Sternenkraft.

Pflanzen feinstofflich gesehen

Was wild wachsende Pflanzen an unsichtbaren, ätherischen und kosmischen Eigenschaften in sich tragen, nimmt der menschliche Organismus beim Verzehr auf. Der vom menschlichen Auge nicht wahrnehmbare Energiekörper der Pflanze, der Ätherleib, hält die Lebensenergien in Fluss, baut unseren Körper auf, leitet unser Gedanken- und Gefühlsleben und lässt uns große Kraftreserven entwickeln. Mit frischen Wildkräutern aus Wäldern, Bergen und von saftigen Wiesen empfangen wir die Lebensenergie, die diese in sich speichern.

Wo Kräuter & Co. in der Stadt wachsen

In der Stadt wachsen sie in Hülle und Fülle, sprießen aus Fugen und werden in Baubrachen, Stadtparks oder verwilderten Beeten heimisch: Kräuter und Wildgemüse. Wegerich und Löwenzahn etwa zwischen Pflastersteinen, Kornelkirschen und Haselnüsse in Hinterhöfen. Im urbanen Umfeld warten zum Beispiel Weißdorn, Brennnessel, Schlehe oder Hagebutte auf uns fleißige Sammler. Machen Sie sich zunächst auf die Suche nach schönen Sammelstellen, damit Sie dann mit der Ernte und Zubereitung von Speisen beginnen können:

Uferbereiche von Flüssen und Seen. Hier finden sich vor allem Wildkräuter, die an feuchtere Standorte angepasst sind: Bärlauch, Bachminze oder Taubnessel, Mädesüß, Klee, Springkraut, Japanischer Flügelknöterich, Gilbweiderich, Haselnuss, Distel. Oft haben diese Pflanzen flachere Wurzeln als solche, die in trockenen Gebieten wachsen.

Parks. Parkflächen, die nicht übermäßig besucht sind, können am Rand oft gute Sammelzonen für den Japanischen Flügelknöterich bereithalten.

Brachflächen. Ehemalige Gebäude- oder Infrastrukturflächen locken, nachdem sie brach gelegt wurden, schnell viele Pionierpflanzen an, unter anderem Wegerich, Brennnessel, Indisches Springkraut, Haselnuss, Schlehe, Weißdorn, Wiesen-Klatschmohn, Beifuß, Schaumkresse.

Hinterhöfe. In größeren Städten gibt es oft grüne Hinterhöfe, die eine Vielzahl unterschiedlicher Wildkräuter und -beeren beherbergen: Kornelkirsche, Haselnuss, Löwenzahn, Wegerich, Gänseblümchen, Schafgarbe, Vogelmiere.

Wege. An speziellen Fußgänger- oder Radwegen, die nicht in direkter Straßennähe sind, wachsen gern bekannte Kräuter wie Schafgarbe, Löwenzahn, Wegerich sowie zahlreiche Wildblumen und besonders viele essbare Bäume.

Hanglagen von Bahndämmen. Hier findet man Nüsse, Beerenobst und unzählige essbare Blüten. Zum Sammeln nicht in Betracht kommen sollte jedoch das Gleisbett sowie der direkte Umkreis davon.

Wildblumen in einem städtischen Park

Alte Friedhöfe. Besonders Bärlauch, Löwenzahn, Wegerich, essbare Baumblätter, Vogelkirschen, Löwenzahn und sämtliche Wiesenkräuter fühlen sich hier wohl.

Stadtrand. Hier gedeihen so ziemlich alle Nüsse und Kräuter sowie Obst- und Beerenpflanzen.

Unbebaute Flächen. Wer auf Googlemaps seinen Wohnort angibt und sich die Satellitenaufnahme anschaut, erkennt leicht die unbebauten Flächen in seiner Umgebung. Ein Sammler-Eldorado wird sich dort offenbaren, wo wahrscheinlich die meisten Kräuter wachsen, die in diesem Buch beschrieben sind.

Ungeeignete Orte

Kräuter sehen oft verlockend aus mit ihren sattgrünen Blättern oder bunten Blüten, doch besonders in Städten eignen sich nicht alle Plätze zum Sammeln von essbaren Wildkräutern.

An viel befahrenen Straßen sammeln sich Abgase in den Pflanzen an. Sie sehen zwar saftig und gesund aus, sollten aber nicht verzehrt werden. Man schadet sich sonst mehr, als dass man sich etwas Gutes tut. Daher: Finger weg von Pflanzen, die bis zu 250 Meter neben viel befahrenen Straßen wachsen!

Tabu sind außerdem alle Pflanzen, die auf oder in der Nähe von Industriegebieten oder an Bahnlinien wachsen. Sie können mit unzähligen giftigen Stoffen kontaminiert sein. Für die Kräuterernte unzulässig sind natürlich auch fremde Grundstücke, es sei denn, dass der Besitzer seine Erlaubnis erteilt.

Naturschutzgebiete genießen einen besonderen Schutz des Artenreichtums, hier darf ebenfalls nicht gesammelt werden. Auch um Pflanzen, die auf Hundewiesen, Viehweiden und Wildtiertrampelpfaden gedeihen, sollte man einen Bogen machen.

Da die meisten Felder stark gedüngt und oft mit giftigen Pflanzenschutzmitteln behandelt werden, sind die in der Nähe wachsenden Wildkräuter nicht zum Verzehr geeignet. Auch hier gilt: Der eigenen Gesundheit zuliebe keine Pflanzen ernten, die neben Feldern wachsen.

Wer einen kleinen Garten, Balkon oder begrünten Hinterhof hat, kann übrigens Wildkräuter dort gezielt ansiedeln, statt sie in der Natur zu suchen. Im Handel sind spezielle Samenmischungen erhältlich oder man sammelt die Samen nach der Blütezeit der Kräuter direkt in der Wildnis.

Wie man sammelt

Erste Regel: Wildpflanzen bitte nie ganz ausreißen, sondern immer nur die benötigten Teile in Maßen mitnehmen!

Zum Sammeln eignen sich Papiertüten, Körbe, Leinenbeutel, Plastikbehälter oder Glasboxen. In der Hand gehalten oder in einer Tasche verstaut verwelken die Pflanzen dagegen rasch. Bis man zu Hause angekommen ist, sind sie oftmals nicht mehr für die Küche zu gebrauchen, da sie ausgetrocknet sind.

Für hautreizende Pflanzen wie Brennnessel oder dornige Gewächse wie Rosen lohnen sich Gartenhandschuhe für die Ernte.

Auch ein Bestimmungsbuch zum Nachschlagen von Erkennungsmerkmalen sollten Sie immer griffbereit haben. Den Guide für die in diesem Buch vorgestellten Wildpflanzen können Sie hier downloaden:

Wer übrigens die Seele der Pflanzen erhalten möchte, so meinten unsere keltischen Vorfahren, der erntet sie nie mit Werkzeugen aus Eisen, denn die heilenden Pflanzengeister mögen kein Eisen und ergreifen sofort die Flucht, wenn sie mit diesem Metall in Berührung kommen. Schamanen der Naturvölker verwenden daher Tiergeweihe oder Messer aus Stein oder Kupfer. Das moderne Pendant sind Keramikmesser, sie eignen sich sehr gut.

Keine Angst vorm Fuchsbandwurm

Viele Füchse in Deutschland sind mit dem Parasiten infiziert. Eine Ansteckung durch den Genuss von Wildpflanzen ist aber bis heute nicht nachgewiesen. Das Sammeln von Kräu-

Lindenbaum in der Stadt

tern sei in keiner Studie als Risikofaktor identifiziert worden und man müsse mehrere hundert Eier des Fuchsbandwurms aufnehmen, um sich zu infizieren, verlautet es aus wissenschaftlichen Kreisen. Demzufolge müssten die Kräuter schon erkennbar mit Fuchskot verunreinigt sein – und kaum jemand würde so eine Pflanze essen.

Maßnahmen bei Giftnotfällen

- Beruhigen und Aufregung vermeiden.
- Pflanzenmaterial sicherstellen, das zur Identifizierung beitragen kann.
- Versuchen herauszufinden, welche Menge und welche Teile eingenommen wurden.
- Keine fetthaltigen und alkoholhaltigen Getränke zu sich nehmen.
- Keine Einnahme von Kochsalzlösung.
- Viel Wasser trinken.
- Medizinische Kohle einnehmen, die im schlimmsten Fall nutzlos ist, aber keine Nebenwirkungen zeigt.
- Bei der Notwendigkeit einer Darmentleerung Glaubersalz verwenden, keinesfalls Abführtees oder Rizinusöl.
- Umgehend einen Arzt oder eine Klinik aufsuchen.

Nützliche Notfall-Telefonnummern sind zum Beispiel:

- Giftinformationszentrum-Nord in Göttingen für Giftnotruf Hamburg: 0551/19240
- Giftnotruf für Frankfurt am Main, Giftnotruf Mainz: 06131/19240
- Giftnotruf München (Toxikologische Abteilung der II. Medizinischen Klinik der TU): 089/19240

In jedem Fall sollten Sie nur Kräuter verwenden, die Sie sicher bestimmen können.

Wildkräuter lagern und verarbeiten

Bevor Sie gesammelte Kräuter oder Beeren verzehren, sollten Sie sie immer kurz unter flie-

Wildpflanzen in der Stadt werden oft nicht beachtet

ßendem Wasser abbrausen. Schütteln Sie danach kurz überschüssiges Wasser ab oder tupfen Sie sie trocken. Achten Sie außerdem bei allen Arbeitsschritten auf saubere Hände, Arbeitsflächen, Schneidebretter und Messer. Kräuter schmecken am besten frisch und sollten auch so frisch wie möglich verarbeitet werden. Bis zu vier Tage kann man sie aber gut aufbewahren – am besten direkt nach der Ernte im Gemüsefach des Kühlschranks verstauen. Die Pflanzen dazu in ein feuchtes Tuch schlagen oder nach dem Waschen noch feucht in einen Frischhaltebeutel oder eine Frischhaltedose geben. Direkt vor dem Verwenden dann nochmals waschen.

Zerkleinern sollten Sie Wildpflanzen erst kurz vor der Verarbeitung, damit sich ihr Aroma nicht verflüchtigt; am besten mit einem großen, scharfen Kochmesser oder einem Wiegemesser schneiden, ohne sie zu quetschen. Es können zwar beliebig viele Kräuter zu einer Mahlzeit gegessen werden, allerdings lohnt es sich, sich auf wenige, maximal drei bis vier, Wildpflanzen in einer Speise zu beschränken. So schmeckt man immer noch das einzelne Kraut heraus.

Löwenzahn auf einer städtischen Fläche

FRÜHLING

Die ersten grünen Gräser schauen aus der Erde, bunte Blumen versprühen wieder frische Farbe in die Landschaft und man atmet beim Barfußgehen im saftig-grünen Gras den magisch süßen Duft der neu erwachenden Pflanzen.

STUMPFBLÄTTRIGER AMPFER

Rumex obtusifolius

Altbekannte Heilkraft
Bereits im Altertum verwendeten die Ägypter, Griechen und Römer den Sumpfblättrigen Ampfer, um ein Übermaß an fetten Speisen bei ihren Festmählern auszugleichen. In Ägypten wurde er in großem Umfang als wichtige Feldfrucht angebaut und im Mittelalter war er vor allem auf den britischen Inseln weitverbreitet. Man schrieb ihm schon damals eine fiebersenkende Wirkung zu. Außerdem war er den Seefahrern des Mittelalters bereits als Mittel gegen Skorbut (Vitamin-C-Mangel) bekannt.

»Ubi malum, ibi remedium«, sagte der weise Paracelsus und meinte damit, dass die Abhilfe nie weit von der Ursache des Leidens entfernt zu finden ist. In diesem Fall ist es der Ampfer, der gerne unweit von der Brennnessel ansiedelt. Verbrennt sich also einer an der Brennnessel, so wächst das Gegenmittel Sumpfblättriger Ampfer in der Regel ganz in der Nähe. Man zerreibt einfach seine saftigen Blätter zwischen den Fingern und streicht diesen Brei auf die stark juckende Stelle (und wer mag, spricht dazu noch den Spruch von Paracelsus »Rein die Nessel, Ampfer raus, Ampfer treib die Nesseln aus!«).

Erkennungsmerkmale
Die hellgrünen Laubblätter des Sumpfblättrigen Ampfers sind im unteren Stängelbereich groß, eiförmig und am Ende abgestumpft. Im oberen Stängelbereich sind sie kleiner und länglich-lanzettlich. Die mehr oder weniger verzweigten, aufrechten Stängel sind gefurcht und häufig rot überlaufen. Übrigens: Sein ebenfalls essbarer Bruder, der Sauerampfer, ist leicht an seinem Schwalbenschwanz ähnlichen Abschluss des Blattes erkennbar. Zudem besitzt er wesentlich kleinere Blätter.

Essbare Teile
Die Samen bilden sich kurz nach der Befruchtung aus und können bis in den September oder Oktober gesammelt werden. Die Erntezeit der Blätter zur Verwendung beispielswese in Salaten ist von April bis November.

Standort
Die Pflanze wächst auf Wildwiesen, an Wegrändern und unbewirtschafteten Flächen. Sie liebt nährstoffreiche Ton- und Lehmböden, siedelt sich an Grabenrändern, Schuttplätzen und vor allem feuchten Böden wie Flussufern an.

Wirkstoffe
Vitamin C, Oxalsäure, Eisen, Gerbstoff, Gerbsäure, Hyperosid.

Gesundheitsfördernde Wirkung
Der Sumpfblättrige Ampfer hilft bei Fieber, Leberschwäche, Magenbeschwerden, Verdauungsschwäche, Verstopfung, Ekzemen, Durchfall. Er wirkt abführend, appetit- und verdauungsanregend sowie blutreinigend. Vorsicht: Aufgrund des Oxalsäuregehalts sollte Ampfer nur in Maßen konsumiert werden.

Planetarische Zugehörigkeit
In der planetarischen Kräuterkunde gilt der Ampfer vor allem als Gewächs des Jupiters. Er regiert die Leber und fördert echte Fröhlichkeit, Lebensfreude, Urteilsfähigkeit und ein klares Gedächtnis.

BÄRLAUCH

Allium ursinum

Bärenstarke Kraft aus unseren »Urwäldern«
Riesige Bärlauchteppiche bedecken ab Mitte März oft große Flächen von Laubwaldböden und verbreiten einen intensiv durchdringenden, knoblauchartigen Geruch. Mit der Schneeschmelze zwischen Februar und Mai saugen sich die Zwiebeln des köstlichen Lauchs mit erfrischendem Wasser voll und mit den ersten wärmenden Sonnenstrahlen schlüpfen seine hellgrünen zarten Blättchen aus dem laubbedeckten Waldboden. Als eines der ersten Pflanzenblätter im Frühling wird der Waldlauch gerne von Bären verzehrt, die aus dem Winterschlaf erwachen. Daher stammt auch sein Name.

Der Bär kennt die heilenden Wurzeln am besten. Wenn er nach einem klirrend kalten Winter völlig abgemagert und mit herunterhängendem Fell aus seiner Höhle kam, beobachteten die Menschen, wie er schon nach kurzer Zeit wieder zu Kräften kam. Sie verfolgten ihn und sahen, welche Kräuter er zu sich nahm, unter anderem Bärlauch. Sie machten es ihm nach und entdeckten, wie dieser Waldknoblauch beim Menschen Skorbut (Vitamin-C-Mangel) und Bleichsucht verjagte, den Magen und Darm reinigte und für wohlige Wärme sorgte.

Erkennungsmerkmale
Vorsicht: Immer wieder wird der Bärlauch mit dem Maiglöckchen oder der Herbstzeitlosen verwechselt. Nebeneinander gelegt erkennt aber selbst der Anfänger die großen Unterschiede: Die Blätter der Herbstzeitlosen haben keinen Stängel, die grünen Blätter des Maiglöckchens sitzen am gleichen Stängel und wachsen anfangs quirlähnlich aus dem Boden. Die lanzettförmigen Blätter des Bärlauchs dagegen besitzen alle einen eigenen Stängel, mit dem sie aus dem Boden wachsen.

Essbare Teile
Bereits im März schauen die zarten grünen Blätter für einen Salat, eine Suppe oder ein leckeres Pesto aus der Erde. Schon wenige Wochen später bilden sich die scharfen Blütenknospen, um unsere Gaumen zu verwöhnen. Anschließend würzen die weißen Blüten ab Ende April Speisen und bis in den Juli hinein verwöhnen die grünen Samenkügelchen unsere Sinne.

Standort
Die Pflanze gedeiht in lichten (Buchen-)Laubwäldern, die genug Schatten spenden, damit der Boden feucht bleibt und ihr seine lebenswichtige Feuchtigkeit spendet. Um Burgen, Ruinen und alte Landsitze wächst der vitale Frühlingsbote besonders prächtig. Zwischen den dort oft jahrhundertealten Buchen und deren knorrigen Wurzeln findet er für seinen Reichtum an Wirkstoffen die notwendige, geheimnisvolle und magische Stille. Der Gesang der Vögel und das Rauschen des Windes in den Bäumen und Sträuchern sollen kraftvoll auf seine Seele wirken.

Wirkstoffe
Lauchöle, Flavonoide, Saponine, ätherisches Öl, pro 100 g Frischpflanze circa 150 mg Vitamin C und 340 mg Kalium.

Gesundheitsfördernde Wirkung

Bärlauch wirkt antibiotisch, blutreinigend, entzündungshemmend, harntreibend. Er ist hilfreich bei Magen- und Darmstörungen, senkt den Blutdruck und zu hohen Cholesterinspiegel, kann zur Prophylaxe von Herzinfarkt und Schlaganfall beitragen und regt den Stoffwechsel an.

Planetarische Zugehörigkeit

Der harte Mars, Gott des Eisens und des Blutes, zeigt sich beim Bärlauch durch eine äußerst positive Wirkung auf das Blut, den Cholesterinspiegel und der Vorbeugung von Herzinfarkt.

GEMEINE BIRKE

Betula pendula

Zarte Blätter in zauberhaften Salaten

Die Birke ist das Symbol des Frühlings, des Anfangs, des Neubeginns. Sie ist ein strahlender, lichter Baum, der der Frühlingsgöttin Brigit geweiht ist. Im Frühling soll sie die zarten Blätter der Birke aus den Zweigen locken, über das dunkle Land schweben und alle Wesen, Menschen wie Pflanzen, mit Leichtigkeit und neuer Lebenskraft erfüllen. Unser Geist, unsere Gedanken und Worte sollen von ihr dabei mit Fröhlichkeit und Vitalität durchwirkt werden. Kein Wunder also, dass die Birke bis heute in nördlichen Gefilden der Maibaum ist und insgesamt für Lebensmut, Wachstum und Entwicklung steht.

Die Birke spielt auch in der Meditation eine Rolle: Es heißt, man werde von dem Baum hochgehoben ins Licht und in andere Dimensionen und dass sich unter ihren Zweigen die Schleier zu einer anderen Welt sehr leicht öffnen. So soll dieser »Feenbaum« den Menschen sanft in ein faszinierendes anderes Reich leiten, das die Grundlage der Welt ist, das uns bewusst macht, wie wichtig es ist, die kostbare Schönheit unseres Planeten und seiner Pflanzen zu bewahren. Verhärtete Gedanken sollen aufgeweicht, gelöst und wieder in Fluss gebracht werden. Durch den Genuss zarter Birkenblätter entfalten sich Zuversicht und Freude.

Erkennungsmerkmale

Der Baum mit der markant weißen Rinde und den schwarzen Längsrissen beeindruckt durch seine malerische Erscheinung. Von März bis Mai zeigt die Birke auffällig gelbe, circa 10 Zentimeter lange Kätzchen. Die wechselständig angeordneten Blätter sind oval bis leicht dreieckig und haben einen gesägten Blattrand.

Essbare Teile

Schon im März kann man für wenige Wochen den zuckerhaltigen Saft des Baumes durch sanftes Anritzen der Rinde als immunstärkendes Elixier trinken. Die Blätter lassen sich Ende April bis Mitte Mai als Grundlage für Salate und Toppings auf Brot und zu Käse genießen.

Standort

Die Birke wächst an sonnigen Platzen, ob in Parks, Wäldern, Gärten, Wiesen oder Waldrändern, sie fühlt sich überall zu Hause.

Wirkstoffe

Flavonoide, Gerbstoffe, ätherische Öle, Harz, Bitterstoffe, Vitamin C, Saponine.

Gesundheitsfördernde Wirkung

Die Birke hilft bei Nieren- und Blasenentzündungen. Sie soll außerdem die Laune und Lebensfreude verbessern.

Planetarische Zugehörigkeit

Als Baum des Planeten Venus ist die Birke ein Inbegriff von Liebe, Schönheit, Sanftmut, Sinnlichkeit, Weiblichkeit sowie Kreativität. Wie das majestätische Gestirn steht sie für Fruchtbarkeit und das Schöpfen von neuem Leben.

KLEINE BRAUNELLE

Prunella vulgaris

Lila Farbtupfer, die Lebensfreude versprühen

Die Braunelle stellt ein außergewöhnliches Kräuterwesen dar, dessen magischer Wirkung sich kaum jemand entziehen kann. Ihre betörende Farbe soll Liebe, Glück, Gesundheit und Fülle gedeihen lassen. Es heißt, sie entflamme Hoffnung und Lebensmut, wenn wir uns die Zeit dafür nehmen und uns ihren Botschaften und Wirkweisen öffnen. In ihrer lila Farbe vereint sich das sinnliche Rot mit dem himmlischen Blau und wird so zum Inbegriff des mystisch Geheimnisvollen. Aus der harmonischen Ausgeglichenheit von Blau in Kombination mit der Kraft von Rot entstehen bedeutungsvolle Kräfte: die psychische Stärke und der Kontakt mit dem Übersinnlichen.

Braunellen gehören zu den Pflanzen, die sich gerne im Rasen ansiedeln, da ihnen kein auch noch so tief eingestellter Mäher etwas anhaben kann. Ihren Namen verdankt die Braunelle dem Umstand, dass sie als Heilmittel gegen »Halsbräune« verwendet wurde. Mit diesem Begriff wurden Erkrankungen im Rachenbereich bezeichnet, besonders Diphtherie. Heute weiß man, dass der Tee aus blühendem Braunellenkraut antiviral sowie antibakteriell wirkt. Und auf dem Teller verzaubert die Braunelle jede Speise mit ihrer dekorativen Anmut.

Erkennungsmerkmale

Jeweils zwei Blätter stehen sich paarweise gegenüber. Diese länglichen, schwach behaarten Pflanzenteile zeigen ganz leichte Einkerbungen. Der zylindrische Blütenkopf wird von lila Blütenblättern umhüllt.

Essbare Teile

Die Blätter und Triebspitzen können ab April Salate, Kräuterbutter, Eier- und Quarkgerichte aromatisieren. Als Farbtupfer bereichern die lila Blüten ab Mai dekorativ jeden Teller.

Standort

Die Kleine Braunelle fühlt sich auf fast allen Wiesen sehr wohl.

Wirkstoffe

Gerb- und Bitterstoffe, Harze, Saponine und Flavonoide.

Gesundheitsfördernde Wirkung

Die Volksmedizin schätzt die Pflanze bei Magen- und Darmerkrankungen. Unsere Vorfahren nutzten die antibiotische Wirkung bei Rachen- und Halsentzündungen. In China wird die Braunelle gegen Herpesviren eingesetzt und sogar gegen Krebs, Aids und Tuberkulose.

Planetarische Zugehörigkeit

Die Kleine Braunelle mit ihrer edlen Erscheinungsform zeigt eindeutig eine Venussignatur, die sehr entspannend wirkt, besänftigend, aphrodisierend oder harntreibend. Eine besondere Eigenschaft ist das ausgleichende Prinzip. So werden Venuspflanzen wie die Braunelle oft in Rezepturen mit starken Reizen (etwa durch Saturnpflanzen) eingesetzt, um potenzielle Nebenwirkungen zu mildern.

BREIT- UND SPITZWEGERICH

Plantago major/Plantago lanceolata

Der Herrscher des Weges
Im Gegensatz zu seinem Bruder, dem Spitzwegerich (*Plantago lanceolata*), wächst der Breitwegerich (*Plantago major*) häufig direkt auf den Wegen und nicht nur an ihren Rändern und den angrenzenden Wiesen, denn er lässt sich nicht davon abschrecken, wenn viele Menschen auf ihn treten. Selbst in der Jungsteinzeit, als schwere Wagen über ihn rollten, konnte er nicht vernichtet werden. Daher galt er bereits damals als extrem stärkend und hilfreich bei dem Aufbau der körperlichen Abwehrkräfte. Germanische Frauen hielten bei der Geburt eine Wegerichwurzel in der linken Hand nahe dem Herzen, damit der gute Pflanzengeist sie vor dem Tod im Kindbett schützte, denn Wegerich galt als stark blutstillend und vermochte es, die Frau vor dem frühen Tod zu retten.

Heute erinnert sich kaum jemand noch daran, dass der Wegerich einst eine der heiligsten Pflanzen unserer geografischen Breiten war – und Teil der gesunden Küche: Er gehörte zu den »Grünen Neunen«, den traditionellen Frühlingsspeisen, durch die sich die Menschen seit Jahrtausenden mit den überbordenden Naturkräften des neuen Jahres verbanden. Der astrologische Kräuterarzt Nicholas Culpeper meinte gar: »Es gibt nicht eine einzige Krankheit, die der Wegerich nicht zu heilen vermag.«

Erkennungsmerkmale
Breitwegerich: Seine Blätter bilden kleine Rosetten, die dicht am Boden anliegen. Die Blätter sind wesentlich breiter als die des Spitzwegerichs. Der Breitwegerich kann zwischen 3 und 25 Zentimeter groß werden. Die Blätter stehen in einer flachen, großen Blattrosette. Sie sind rundlich, ganzrandig und haben einen Stiel. Im Sommer wächst eine schmale essbare Samenähre.

Spitzwegerich: Seine Blätter sind schmal und laufen spitz zu. Die kurze Blütenähre ist braun bis schwarz und von einem hellen Blütenkranz aus Staubblättern umgeben.

Essbare Teile
Die Blätter ergeben eine wunderbare Grundlage für Salate, Smoothies, Kräuterbutter oder Gemüsesaft. Auch die essbaren Blütenknospen verzaubern unsere Speisen. Die kostbaren Samen liefern ein schmackhaftes Öl, werden in Olivenöl leicht geröstet und über Salate oder andere Gerichte gestreut.

Standort
Spitz- und Breitwegerich wachsen auf Wiesen, Weiden, Äckern, an Wegrändern, Feldrändern und in Parks.

Wirkstoffe
Zwei bis drei Glykoside, Schleimstoffe, Saponine, Flavonoide, Kieselsäure, Zink, Kalium, viel Vitamin C und B.

Gesundheitsfördernde Wirkung
Der Wegerich hat blutreinigende, blutstillende und entzündungshemmende Eigenschaften. Er hilft gut bei Husten, Bronchitis, Asthma, Appetitlosigkeit, Verdauungsbeschwerden, Durchfall, Blasenschwäche. Zerriebene Blätter wirken wahre Wunder auf Wunden, Mückenstichen und wunden Füßen.

Breitwegerich

Spitzwegerich

Planetarische Zugehörigkeit

Der Wegerich gilt als Gewächs des Merkur, der Gott mit den geflügelten Schuhen, der Herr aller Wege und Straßen. Unter den olympischen Göttern ist er der grenzüberschreitende Schamane. Er kennt den gefährlichen Weg hinunter in die Unterwelt, ins Reich der Persephone, und kann ungehindert wieder in die diesseitige Welt zurückkehren. Als Heiler unter den Göttern bringt er jene, die am Rande des Todes schweben, wieder ins Leben zurück.

GROSSE BRENNNESSEL

Urtica dioica

Beste Anti-Aging-Pflanze mit überbordender Vitalität

Unsere Vorfahren, die Kelten und Germanen, konnten es kaum erwarten, wenn im Frühjahr unter der schmelzenden Schneedecke die winzigen, kleinen Brennnesseltriebe aus der Erde erwachten. In Kräutersuppen und -kuchen verarbeiteten sie schon vor Jahrtausenden das frische Grün und versorgten ihren durch den Winter ausgezehrten Körper mit den frischen Lebenskräften dieser erblühenden Vegetation. In alten Kulturen gelten behaarte Pflanzen als Wesen überbordender Vitalität.

Ihr hoher Eisengehalt transportiert den Sauerstoff zu jeder Zelle unseres Körpers und baut die roten Blutkörperchen auf. So bringt sie Geistesklarheit zurück, was mit dem Hier und Jetzt verbindet. *Urtica dioica* produziert übermäßig viel Blattgrün (das Chlorophyll) und schafft es dadurch, die Sonnenkräfte des Universums in sich zu speichern.

Übrigens: Auch die Samen sind wirksam, als immunstärkende Essensbeigabe übertreffen sie sogar den aus Asien stammenden Ginseng. Im Herbst reifen diese nussig schmeckenden, vor Lebenskraft strotzenden Perlenfrüchte allein an einer Pflanze zu Hunderten heran.

Erkennungsmerkmale

Die bis zu 1,5 Meter hohe Staude ist anhand ihrer charakteristischen, eiförmig zugespitzten, graugrünen Blätter mit deutlich gesägtem Rand leicht zu bestimmen. Die Blätter tragen Brenn- und Borstenhaare, die beim Anfassen auf der Haut ein Brennen verursachen.

Essbare Teile

Das ganze Jahr verzaubern uns die Blätter der köstlichen Brennnessel. Im Winter sind sie sehr klein, aber besonders wirkungsvoll. Im Sommer laden die köstlichen Samen auf Brot, im Salat oder auch pur für zwischendurch zu einem Gaumenschmaus ein.

Standort

Die Pflanze wächst im Umkreis von Siedlungen, entlang der Straßen, Wege und Hecken, auf Waldwegen und im Auwald.

Wirkstoffe

Brennnesseln gelten als Schatztruhe hochwertigster Mineralien, Vitamine und Phytohormone: Mineralstoffe wie Kalium, Kalzium und Kieselsäure kommen in größeren Mengen vor. Ebenso Ameisensäure, Histamin, sehr viel Chlorophyll und Eisen, pflanzliche Enzyme, Vitamin A und C, besonders viel Eiweiß.

Gesundheitsfördernde Wirkung

Brennnesseln regen den Stoffwechsel an, helfen bei Rheuma und Gicht, kardialen Ödemen, venöser Insuffizienz, Haarausfall, Skorbut (Vitamin-C-Mangel), Frühjahrsmüdigkeit, Verdauungsschwäche, Blutarmut, Durchblutungsstörungen und Depressionen.
Anwendungstipp: Bei Rheuma, Hexenschuss und Ischias die betroffenen Stellen mit dem frischen Kraut »peitschen«.
Die reifen, nussartig schmeckenden Samen (im Herbst) gelten als Stärkungs- und Potenzmittel sowie als aufbauend für das Immunsystem.

Planetarische Zugehörigkeit

Alchemisten und Ärzte schrieben schon vor Tausenden Jahren die Brennnessel dem heißen, feurigen Mars zu, der archetypische Krieger und Eroberer.

In allen stacheligen, stechenden, scharf brennenden Pflanzen wird die Signatur dieses großen Heilers erkannt, der in der Inkarnation der Brennnessel gegen alle Leiden die richtige Dosis verabreichen soll.

GEMEINE BUCHE (ROTBUCHE)

Fagus sylvatica

Toröffner in die andersweltliche Dimension
Die spürbare Kraft und Energie in Buchenwäldern wurden von den frühen Waldvölkern dazu genutzt, die Grenzen ihres Bewusstseins zu erweitern und Kontakt mit dem Unsichtbaren aufzunehmen. Für Germanen und Kelten waren Buchen hochangesehene Pforten der Einweihung, um die vollkommene Selbsterkenntnis auf dem eigenen Weg zu erlangen. In den heiligen Hainen versammelten sich die keltisch-germanischen Waldvölker, brachten ihren Göttern Opfer dar und feierten wichtige Feste. Buchen sollten tief Verborgenes und Jenseitiges offenbaren und gelten als Tor zum göttlichen Urgrund.

Schon früh erkannten die Menschen auch das körperlich nährende Wesen dieses Baumes und sie arbeiteten die saftig-grünen Blätter im Frühling in ihre Suppen und Getreidebreie ein.

Übrigens: Die Buche produziert ein Meer von Früchten, die Bucheckern. Zu zweit oder zu dritt stecken sie in einer weichstacheligen Schale und fallen im stürmischen Herbstwind auf den weichen Waldboden. Sie enthalten bis zu 45 Prozent Öl, das mit einer Handmühle aus den Nüssen gepresst werden kann. Bis vor einigen Jahrzehnten wurden zu Allerseelen (Samhain) Seelenbrote aus Bucheckern gebacken und als Speise für die Verstorbenen zusammen mit Met und Bier vor die Häuser gelegt. So konnten sich die Jenseitigen während der Rauhnächte zusammen mit der Wilden Jagd, den übernatürlichen Jägern am Himmel, an den Gaben ihrer Nachkommen erfreuen und ihnen als Dank Impulse für das Lösen von Problemen des Lebens übermitteln.

Erkennungsmerkmale
Junge Buchen haben zunächst einen dunkelgrünen, fast schwarzen, ganz glatten Stamm. Im Laufe der Zeit hellt er auf und bekommt eine silbergraue Farbe. Die glatten Buchenblätter sind bis zu 10 Zentimeter lang. Ihre Form ist oval, eiförmig. Die Blattränder sind glatt und von wenigen Adern durchzogen.

Essbare Teile
Rotbuchen werfen ihre Eckern im September ab, die für die Herstellung von Öl, Müsli, Kuchen, Brote oder kleine Snacks wie selbst gemachtes Studentenfutter verwendbar sind. Auch die Blätter der Rotbuche sind genießbar und gesund.

Standort
Buchen stehen zahlreich in allen Laubwäldern.

Wirkstoffe
Buchenblätter gelten als gute Vitamin-C-Lieferanten und dienen dank der enthaltenen Flavonoide und Gerbstoffe als Muntermacher und Entschlackungshilfe. Die – circa im Oktober – reifen Nüsse enthalten bis zu 45 Prozent Öl, 40 Prozent Stärke und viel Eiweiß.

Gesundheitsfördernde Wirkung
Buchenblätter gelten als entzündungshemmend und verdauungsfördernd. Man kaute sie früher bei Zahnfleischproblemen und verwendete sie bei Geschwüren sowie als Wundauflagen. Buchenrindentee wirkt fiebersenkend, keimhemmend, anregend und schleimlösend.

Planetarische Zugehörigkeit

Die Buche gehört dem greisen, graubärtigen Planetengott Saturn, dem Wächter am blauen Himmelstor, an. Er hält ein dickes Buch in der Hand, in dem er alles vermerkt, was in der Ewigkeit Bestand haben soll. Im Nachthimmel sehen wir ihn mit bloßem Auge. Über ihm befinden sich die unverrückbaren Fixsterne, die Heimat der unvergänglichen Urbilder und unter ihm bewegen sich die wandernden Wandelsterne.

GEWÖHNLICHER GIERSCH

Aegopodium podagraria

Hervorragender Vitamin-C-Spender

Giersch, auch Geißfuß genannt, zählt zu den alten Hexenkräutern und kam schon in der Bronzezeit als Wildgemüse auf den Tisch. Mit seinen unverwüstlichen Massen von lebensstrotzenden Ausläufern, die er durch den Boden schickt, zeigt er uns bis heute seine überbordende Lebenskraft als Zeichen seiner stärkenden Wirkung auf den Menschen. So soll eine Handvoll Giersch bereits genügen, um das Immunsystem auf Trab zu halten.

Die nach Staudensellerie schmeckende Pflanze wird ab März tief aus dem Innern der winterlichen Erde von der Sonne an die frische Frühlingsluft herausgelockt. Sie begleitet uns dann bis in den Herbst hinein durch das Jahr. Öfter geschnitten, schlägt sie immer wieder von Neuem aus und erfreut uns mit ihrem frischen, hellen und saftigen Grün.

Erkennungsmerkmale

Die Blätter des Doldenblütlers (auch Schirmblütler genannt) sind fächerähnlich und der Stängel ist dreikantig und verzweigt sich in drei Teile. Der obere Teil zeigt immer drei am Rand gezähnte Blätter, während die beiden nach links und rechts zeigenden Teile zwei oder drei gezähnte Blätter besitzen.

Essbare Teile

Die Blätter und Blüten finden in Salaten, Suppen, zu Gemüse und in Pestos Verwendung. Im Spätsommer ergeben die Samen ein intensives Gewürz für deftige Speisen.

Standort

Gewöhnlicher Giersch ist sehr anspruchslos und wächst fast überall im Schatten von Laubbäumen oder an halbschattigen Standorten. Häufig ist er in naturnahen Gärten zu finden.

Wirkstoffe

Kalium, Magnesium, Kalzium, Mangan, Zink, Kupfer, Harz, ätherisches Öl und Flavonoide. Liefert mehr Vitamin A, C und Eiweiß als Kopfsalat.

Gesundheitsfördernde Wirkung

Giersch hilft bei Arthritis, Gicht, Rheuma, Hämorrhoiden, Hexenschuss, Krämpfen, Lähmungen, Blasenentzündung, Durchfallerkrankungen, Ischias, Skorbut (Vitamin-C-Mangel), Übergewicht und Verdauungsbeschwerden.

Planetarische Zugehörigkeit

Nach Meinung des britischen Apothekers, Arztes und Astrologen Nicholas Culpeper (1616–1654) übernimmt der Saturn die Herrschaft über den Giersch. Saturn, der alte, kalte Knochenmann, der sich um die Gicht und die steifen Gelenke kümmert. Der Giersch gehört durch seine Fähigkeit, Verhärtungen aufzulösen, und durch seine Lebendigkeit auf alle Fälle auch zum Merkur. Letzterer ist Meister der Säfte und des Lebens.

GEWÖHNLICHE GOLDNESSEL

Lamium galeobdolon

Uraltes Schutzkraut der Kelten und Germanen
Goldnesseln, auch Gold-Taubnesseln genannt, sind taube Nesseln, die man mit Brennnesseln verwechseln könnte, ehe sie blühen. An ihren Stängeln und Blättern fehlen allerdings die Brennhaare. Deshalb wirkt dieses Zauberkraut ganz sanft auf der Haut, im Gegensatz zu seiner scharf brennenden Schwester.

Die Lachsner (Schamanen der Kelten und Germanen) kochten die Goldnessel zusammen mit Mutterkraut und Wegerich in Butter und verwendeten sie bei Verwundungen durch magische Pfeile (Flüche und verbale Beschimpfungen), egal ob sie von Göttern, Elfen, Hexen oder unangenehmen Zeitgenossen abgeschossen wurden. Auf Hexenbildern spielt die Nessel eine wichtige Rolle, denn sie steht stellvertretend für Wildnis und Unkraut. Unsere Vorfahren hielten dieses vitaminreiche Kraut in Ehren und verarbeiteten im frühesten Frühjahr die hervorsprießenden Nesseltriebe in der Neunkräutersuppe, mit der sich die heidnischen Bauernstämme erneut mit den Lebenskräften der erwachenden Vegetation verbanden. Die Kelten personifizierten das frische Grün in der Gestalt der Erdgöttin, die Wald, Wiese und Feld nach einem langen entbehrungsreichen Winter wieder fruchtbar machte.

Erkennungsmerkmale
Die einfache Blattspreite ist schwach herzförmig bis abgerundet, breit-eiförmig bis lanzettlich und am Rand nesselartig gekerbt oder grob unregelmäßig gesägt. Die Blätter werden von silberweißen Schattierungen auf der Oberfläche durchzogen beziehungsweise befindet sich auf der Blattoberseite häufig ein weißliches oder silbernes Ornament. Die Blüten sind leuchtend gelb.

Essbare Teile
Die Blätter und Triebspitzen ergeben einen leckeren Tee und schmecken als Salatzugabe. Auch als Spinat und Suppengemüse erfreuen sie jeden Gourmet. Die sonnengelben Blüten verfeinern Kräuterbutter, süße Desserts und farbenfrohe Salate. Als rohe Knabberei oder Zugabe in Salaten und Smoothies entfalten die Wurzeln ihre ganze Kraft. Die Samen belohnen den Sammler im Winter als frische Keimlinge mit geballter Vitaminkraft.

Standort
Die gewöhnliche Goldnessel wächst gerne an halbschattigen bis schattigen Plätzen wie lichten Laubwäldern und Gebüschen. Auch an Weg- und Wiesenrändern ist sie zu finden.

Wirkstoffe
Zink, Eisen, Kalzium, Magnesium, Phosphor, Kalium, Bor, Kupfer, Schwefel, Bitterstoffe, ätherisches Öl, Flavonoide, Gerbstoffe, Glykoside, Schleimstoffe und Saponine.

Gesundheitsfördernde Wirkung
Die Nessel wirkt entzündungshemmend und antibakteriell, weshalb sie bei Bronchitis, Magen-Darm-Beschwerden und Fieber Anwendung findet. Sie hat beruhigende, blutreinigende, blutstillende und krampflösende Eigenschaften.

Planetarische Zugehörigkeit

Nicholas Culpeper reihte die Taubnessel, zu der die Goldnessel gehört, wegen ihrer reizmildernden, entzündungshemmenden und reinigenden Wirkung auf die Niere in die Venuspflanzen ein. Deren schmerzlindernder Einfluss auf Gebärmutter- und Eileiterbeschwerden sowie krampfartige Bauchschmerzen stellt ein weiteres wesentliches Kennzeichen dieser Einordnung dar.

GUNDERMANN

Glechoma hederacea

Würzige Aromapflanze, die uns mit der Kraft des Universums vereint
Sobald die Sonne den Schnee schmelzen lässt, schlüpft der zu den Minzen zählende Gundermann aus dem vor eisiger Kälte schützenden Erdboden hervor. Er strömt ein intensives Aroma aus, wenn man ihn zwischen den Fingern zerreibt. Solche stark aromatischen Kräuter kocht(e) man nach antikem Brauch in honiggesüßter, fetter Milch, wie Ziegen- oder Kamelmilch, um die fettlöslichen ätherischen Öle mit ihren positiven Eigenschaften zu trinken und zu genießen.

Klassisch würzt Gundermann mit acht weiteren Kräutern – Bärlauch, Brennnessel, Löwenzahn, Scharbockskraut, Vogelmiere, Schafgarbe, Wegerich und Giersch – die heilige Neunkräutersuppe, die schon seit Tausenden von Jahren im sonnigen Frühling zur traditionellen Speise nach einem klirrend kalten Winter gehört. Sie stellte einen intensiven Schutz vor Skorbut dar und soll damals wie heute die Menschen mit der grünen, göttlichen Lebenskraft der Erdgöttin Freya, der Göttin des Lebens und des Todes, verbinden. Diese Göttin lebt in jeder Pflanze fort und durchfließt sie mit ihrer Lebenskraft, die das Blut reinigen und von Frühjahrsmüdigkeit befreien soll.

Erkennungsmerkmale
Der Lippenblütler ist leicht zu erkennen an seinen langen, vierkantigen Stängeln und herz- bis nierenförmigen Blättern, die an den Rändern eingekerbt sind. Von April bis Juni zeigt er seine blauvioletten Trompetenblüten.

Essbare Teile
Die Blätter mit ihren würzigen ätherischen Ölen aromatisieren von Frühling bis in den Spätherbst hinein deftige Speisen. Die Blätter können roh zur Erfrischung des Atems gegessen oder zum Aromatisieren von Tee, Kräuterlikör, Kräuterwein, Würzölen, Schnaps und Bier verwendet werden. Sie bereichern auch Salate, Suppen, Eiergerichte, Eintöpfe oder mit Quark bestrichene Brote.

Standort
Die Pflanze bevorzugt lichte Waldränder, feuchte Wiesen sowie Hecken und rankt sich gerne an hervorstehenden Baumwurzeln, Gartenzäunen sowie Mauern entlang.

Wirkstoffe
Bitterstoffe, Gerbstoffe, ätherisches Öl, Saponine, Vitamin C und Kalium.

Gesundheitsfördernde Wirkung
Gundermann wirkt gegen Magen-, Darm- und Leberbeschwerden, grippale Infekte, Skorbut (Vitamin-C-Mangel), Bronchitis, Schnupfen, Ohrenschmerzen, Schleimhautentzündung, Blasen- und Nierensteine sowie gegen Melancholie und Lethargie. Er regt den Stoffwechsel stark an.

Planetarische Zugehörigkeit
Alte astrologische Kräuterkundige ordneten den Gundermann der Venus zu, die für die Drüsen und Harnorgane zuständig ist. Die nierenförmigen Blätter lieferten die Signatur dieser Planetengöttin.

HAINSALAT

Aposeris foetida

Vitaminreicher Salat aus magischen Laubwäldern

Nach alten Mythen verbindet uns diese Pflanze als Geschöpf des Waldes mit dessen Kräften und seiner Seele. Jeder Bissen soll mit den tiefen und innigen evolutionären Wurzeln allen Seins, dessen Unendlichkeit und Ursprung vereinen. »Er wird dich Dinge lehren, die dir kein Mensch sagen wird«, erzählten auch Mystiker vor Tausenden Jahren über den Hainsalat.

Als unmittelbarer Ausdruck des göttlichen Urgrundes soll er im Einklang mit Erde und Kosmos stehen. Er heilt nicht nur den Körper, sondern ebenso die Seele. Zudem öffnet er die Augen für die andere Seite des Lebens: für Zwerge, Elfen, Faune und andere magische Wesenheiten, deren Wahrnehmung die moderne Zeit verloren hat. So verbindet er jeden, der seine Botschaften hören möchte, untrennbar mit den Bäumen unserer Haine, den unendlichen Wäldern in unseren Landschaften. Denn es sind genau diese Pflanzenwesen, die den Geist und die Seele von uns Menschen wieder in Einklang bringen. Der Hainsalat weckt in uns das Gespür für die heiligen und heilenden Landschaften, die uns täglich grüßen, mit uns lachen und singen möchten und unser Leben zum Leuchten bringen, wenn wir sie erkennen.

Der Salat aus unseren Wäldern verleiht Lebensfreude, macht heiter und erfreut mit aromatischem Geschmack.

Erkennungsmerkmale

Die Blätter zeigen starke Einbuchtungen und drei- bis vierkantige Abschnitte. Auf jedem Stängel sitzt nur eine Blüte mit gelben, strahlenähnlichen Blütenblättern und in seinem Innern fließt weißer Milchsaft. Die ganze Pflanze duftet nach Bratkartoffeln.

Essbare Teile

Die zarten Blätter des Hainsalats schmecken von April bis Juni als feiner Salat.

Standort

»Hain« bedeutet »Wald«; daher findet man den Hainsalat in alten Laubwäldern, wo er oftmals große Flächen bedeckt.

Wirkstoffe

Kostbarer grüner Pflanzensaft (Chlorophyll), Bitterstoffe, Gerbstoffe, ätherische Öle.

Gesundheitsfördernde Wirkung

Hainsalat soll Müdigkeit und sogar Niedergeschlagenheit sowie Depression entgegenwirken. Der reich vorhandene Pflanzenstoff Chlorophyll hat auf den Körper einen entgiftenden und antioxidativen Effekt, da er Enzyme enthält, welche die Leber, unser Entgiftungsorgan, unterstützen. Außerdem sorgt er dafür, dass unsere Zellen optimal mit Sauerstoff versorgt sind. Darüber hinaus soll er gut für den Darm sein und bei so manchen Hautproblemen helfen.

Planetarische Zugehörigkeit

Als Jupiterpflanze sorgt der Hainsalat für einen reich gedeckten Tisch. Große Teppiche der Pflanze in Laubwäldern bescheren Lebensglück und Reichtum. Es heißt, die köstlichen grünen Blätter strahlen Harmonie und Wohltätigkeit, die Charakterzüge des Jupiters, in höchster Vollendung aus.

KOHLDISTEL

Cirsium oleraceum

Das majestätische Wildkraut

Einst glaubte man, mit Disteln ließe sich die Kraft anderer Lebewesen abzapfen. So schrieb Hieronymus Bock in seinem *New Kreutterbuch* von 1539: »Man gibt dieser Wurzel zu, so jemand sie bei ihm trag, und mit einem anderen übers Feld gehe, demselben soll die Kraft entzogen werden durch diese Wurzel.« Die Zauberpflanze wurde außerdem auch Verwaschkraut genannt, weil man angeblich die Berufungen damit »verwaschen« konnte, und in der Lausitz wurde sie zum Wegwaschen eines Schreckens benutzt. Im Osten Deutschlands und in Osteuropa galt Punkt Mittag, während des Mittagsläutens der Kirchglocken, als die richtige Zeit, um das Kraut zu sammeln.

Im kulinarische Bereich war und ist die Pflanze mit ihren weiß-gelben Korbblüten bekannt als gut essbare Distelart. Die Blätter und Triebe ergeben einen angenehmen, leicht bitter schmeckenden Salat. Die volkstümlichen Bezeichnungen der Kohldistel – wie Wiesenkohl, Slappkohl, Gemüsedistel – weisen auf ihren typischen Gebrauch als Nahrungsmittel hin.

Erkennungsmerkmale

Die Kohldistel verfügt über zwei recht unterschiedliche Blattformen: Die eine zeigt eine tief gebuchtete Struktur und die andere einen gezähnten elliptischen Aufbau.

Essbare Teile

Die Stängel, Blätter und Triebe sammeln Sie am besten zwischen April und Juni für Salate und Aufläufe. Die Blüten erscheinen von Juni bis September und ergeben wie die Wurzeln im September bis in den Winter hinein eine delikate Zugabe für Smoothies.

Standort

Die Pflanze wächst gerne auf sumpfigen Wiesen neben Brennnessel, Wiesenbärenklau und Ampfer und bis auf 2000 Meter Höhe hinauf.

Wirkstoffe

Gerbstoffe, ätherisches Öl, Flavonoide, Bitterstoffe.

Gesundheitsfördernde Wirkung

Die Kohldistel hilft als heißer Aufguss innerlich bei Verdauungsschwäche, Kopfschmerzen, Gicht, Rheuma; sie hat außerdem hat eine beruhigende Wirkung bei Krämpfen der Muskulatur und bei Zahnschmerzen.

Planetarische Zugehörigkeit

Die Disteln enthalten mit ihren Stacheln viele formative Kräfte des kriegerischen Mars. Aber, wie der englische Kräuterarzt und Astrologe Nicholas Culpeper schrieb, ist vor allem die Venus in diesen zauberhaften Pflanzen aktiv. Die Kräfte der Distel, sagt man, verleihen Schönheit, Jugend und Reinheit und mildern den feurigen Zorn des Mars.

JAPANISCHER STAUDENKNÖTERICH

Fallopia japonica

Wilder Rhabarber – weckt Inspiration und Kreativität

Der in Ostasien heimische Knöterich wurde 1823 nach Europa gebracht und dort von Gärtnern als exotische Sichtschutz- und Zierpflanze in den Gärten der Herrenhäuser angepflanzt. Heutzutage findet man diese wild wuchernde, hohe, stattliche Pflanze im ganzen Land, sie kann sogar gift- und schwermetallverseuchte Erde sanieren. Und sie ist außerdem nützlich für Tiere: Nagern und Vögeln bietet sie Schutz und Nahrung, und Honigbienen können im Frühherbst, wenn kaum mehr andere Blüten vorhanden sind, aus dem Blütennektar des Knöterichs noch einen hervorragenden Honig produzieren.

In Europa und in Nordamerika zählt diese Art zu denjenigen Neophyten, die als problematische, unerwünschte, sich stark verbreitende Pflanzen bezeichnet werden. Dem ist Paracelsus entgegenzuhalten: Er meinte, dieselben Sterneneinflüsse oder seelischen Einflüsse, die im Menschen eine Krankheit erzeugen, bewirkten, dass sich in der umliegenden Natur eine entsprechende Heilpflanze ausbreitet. Was liegt also näher, als den Knöterich einfach in den Speiseplan zu integrieren und all seine wunderbaren Wirkstoffe mit der Nahrung unserem Körper zuzuführen? Im April können beispielsweise die jungen Sprosse wie Rhabarber zu leckeren Süßspeisen verarbeitet werden.

Erkennungsmerkmale

Der Staudenknöterich erinnert an eine Bambuspflanze, die im Winter komplett abstirbt und im Frühling wieder neue Triebe bildet, die wie grüne Spargel mit rötlichen Flecken aus der Erde sprießen. Im Laufe des Jahres erreicht dieses Knöterichgewächs eine Höhe von circa 2,5 bis 3 Metern und bildet im Sommer kleine weiße bis blassgrüne Blütenrispen. Die handgroßen Blätter sind oben zugespitzt.

Essbare Teile

Die jungen Sprossen dieses bambusartigen Gewächses aus dem Land der aufgehenden Sonne schmecken nach Rhabarber und ergeben im April schmackhafte Säfte und Kompotte.

Standort

Der Japanische Staudenknöterich bevorzugt grundwassernahe oder zeitweise überflutete Böden, besiedelt Auenlandschaften und wächst am liebsten an Bach- und Flussufern, aber auch an Waldrändern und Bahndämmen.

Wirkstoffe

Eisen, Kalium, Kupfer, Mangan, Oxalsäure, Phosphor, Resveratrol, Rutin, Vitamin A und C, Zink.

Gesundheitsfördernde Wirkung

Die Pflanze gilt als hilfreich bei Herzkrankheiten, Borreliose, sogar bei Krebs, und wirkt gegen Keime, stärkt das Immunsystem und hemmt Entzündungen. Sie soll außerdem die Blutzufuhr zu den Augen, zu Herz, Haut und Gelenken verbessern. Die Stängel sind blutdrucksenkend und hustenstillend.

Planetarische Zugehörigkeit

Die mittelalterlichen Kräuterärzte kannten den Japanischen Staudenknöterich nicht, daher fehlt bei dieser Pflanze die Zuordnung zu einem Planetengott.

REZEPTE

Spitzwegerich

AUSGEBACKENE AMPFERBLÄTTER

Der schmackhafte Ampfer sorgt
für köstlichen Sinnesgenuss.

Für 4 Personen | Zubereitungszeit: 20 Minuten | Ruhezeit: 30 Minuten

1 Ei
100 g Weizenmehl Type 405
½ TL Salz
150 ml Bier
2 EL Olivenöl plus mehr zum Ausbacken
Blätter vom Stumpfblättrigen Ampfer (*Rumex obtusifolius*)

Das Eigelb vom Eiweiß trennen. Das Eigelb, das Mehl, das Salz, das Bier und das Olivenöl mit einem Schneebesen zu einem flüssigen Teig verrühren. Diesen abgedeckt 30 Minuten ruhen lassen.

Das Eiweiß in einer Schüssel steif schlagen und unter den geruhten Teig mischen.

Reichlich Olivenöl in einer Bratpfanne erhitzen. Die Ampferblätter in den Teig tauchen und im Öl goldbraun ausbacken.

TIPP

Die ausgebackenen Ampferblätter mit Zaziki servieren.

LACHS MIT AMPFER, SPARGEL UND WILDEN BEEREN

Ampfer, der grüne Pflanzenfreund aus saftigen Wiesen, veredelt jede Speise.

Für 4 Personen | Zubereitungszeit: 60 Minuten

Für den Lachs mit Ampfer, Spargel und wilden Beeren

50 g grüner Spargel
Salz
2 Handvoll Blätter vom Stumpfblättrigen Ampfer (*Rumex obtusifolius*)
100 g TK-Erbsen, aufgetaut
200 g Couscous
4 Lachsfilets mit Haut
2 EL Olivenöl
frisch gemahlener schwarzer Pfeffer
1 Handvoll wilde Him- oder Brombeeren

Für das Dressing

2 EL Olivenöl
1 EL Zitronensaft
½ TL Senf
Salz
frisch gemahlener schwarzer Pfeffer

Den grünen Spargel in 500 ml leicht gesalzenem Wasser in 10 Minuten bissfest kochen. Die Ampferblätter mit 1 l kochend heißem Wasser übergießen. Anschließend abtropfen lassen.

Die Erbsen in Salzwasser 3 Minuten blanchieren. Den Couscous nach Packungsangabe zubereiten.

Die Lachsfilets mit der Haut nach unten in einer heißen Pfanne im Olivenöl etwa 15 Minuten braten, bis die Haut sehr knusprig ist. Die Filets dann wenden und kurz von allen anderen Seiten anbraten. Mit Salz und Pfeffer würzen.

Für das Dressing das Olivenöl, den Zitronensaft und den Senf verrühren und mit Salz sowie Pfeffer würzen.

Vier Teller mit Couscous füllen, den Spargel, die Erbsen und den Ampfer dazugeben. Die Lachsfilets darauflegen, mit den Beeren garnieren und mit dem Dressing beträufeln.

BÄRLAUCHSCHNECKEN

Anspruchsvolle Genießer verwenden die geschmacksintensiven Blätter des Waldknoblauchs für ihre kulinarischen Schätze.

Für 6 Personen (für ca. 18 Stück) | Zubereitungszeit: 40 Minuten | Backzeit: 20 Minuten

Für den Teig

500 g Weizenmehl Type 550 plus mehr zum Arbeiten
3 EL Zucker
2 EL Trockenhefe
60 g Pflanzenöl
1 TL Salz

Außerdem

100 g Bärlauchpesto (Rezept siehe Seite 58)
2 EL Butter plus mehr für die Form
frische Rosmarinnadeln zum Bestreuen

Für den Teig 200 g Mehl mit 200 ml warmem Wasser, dem Zucker und der Trockenhefe vermischen. Diesen Vorteig abgedeckt an einem warmen Ort 10 Minuten gehen lassen. Danach das restliche Mehl, das Öl, Salz und weitere 100 ml Wasser hinzufügen und die Zutaten zu einem glatten Teig verkneten. Je nach Konsistenz etwas mehr Mehl oder Wasser zugeben. Den Teig abgedeckt noch einmal 10 Minuten ruhen lassen.

Den Teig dritteln und jedes Drittel auf einer bemehlten Arbeitsfläche zu einem dünnen Rechteck ausrollen. Das Pesto gleichmäßig auf die Rechtecke verteilen und verstreichen, dann die Teiglinge eng von der kurzen Seite her aufrollen. Die Rollen mit einem Messer in etwa 3–4 cm dicke Stücke schneiden.

Die Teigschnecken kreisförmig in einer mit Butter gefetteten, ofenfesten Form aneinandersetzen. Anschließend im vorgeheizten Backofen bei 170 °C Umluft (190 °C Ober-/Unterhitze) etwa 20 Minuten backen. 5 Minuten vor Ende der Backzeit die Butter schmelzen, die Bärlauchschnecken damit bestreichen, mit Rosmarin bestreuen und fertig backen.

BRENNNESSEL-KARTOFFEL-PASTETE

Jeder Feinschmecker erliegt dem Zauber dieser wertvollen Blätter.

Für 4 Personen | Zubereitungszeit: 60 Minuten | Backzeit: 25–30 Minuten

Für die Füllung
800 g vorwiegend festkochende Kartoffeln
Salz
1 große Lauchstange
5 Handvoll Blätter von der Großen Brennnessel (*Urtica dioica*)
1 Zwiebel
4 Zehen Knoblauch
4 EL Crème fraîche
2 EL Olivenöl
frisch geriebene Muskatnuss
1 TL Meersalz
frisch gemahlener schwarzer Pfeffer
200 g Gruyère (Käse) am Stück

Außerdem
Fett für das Backblech
1 Rolle Blätterteig (ca. 300 g; aus dem Kühlregal)
1 Eigelb

Für die Füllung die ungeschälten Kartoffeln waschen, in Scheiben schneiden und in leicht gesalzenem, kochendem Wasser 10 Minuten garen. Danach abgießen. Die weißen und hellgrünen Teile des Lauchs in Ringe schneiden. Die Brennnesselblätter in einem Sieb mit etwa 1,5 l kochend heißem Wasser überbrühen. Die Zwiebel sowie den Knoblauch abziehen und klein hacken.

Die gekochten Kartoffeln, die Lauchringe, die Zwiebel, den Knoblauch, die Crème fraîche und das Öl mit einem Löffel vermengen. Mit 1 großen Prise Muskatnuss, dem Meersalz und etwas Pfeffer würzen.

Ein rundes Backblech (28 cm Durchmesser) fetten und mit 250 g des Blätterteigs auskleiden. Den Käse reiben und die Hälfte davon auf den Blätterteigboden streuen. Die Kartoffelmischung gleichmäßig darauf verteilen, anschließend die Brennnesselblätter darüberstreuen. Dann die zweite Hälfte des Käses darübergeben. Den restlichen Teig in Streifen schneiden und als Gitter über dem Käse auslegen. Das Eigelb in einer Schüssel leicht verrühren und damit die Oberfläche des Blätterteiggitters mit einem Pinsel bestreichen.

Die Pastete im vorgeheizten Backofen bei 200 °C Ober-/Unterhitze (180 °C Umluft) etwa 25–30 Minuten backen, bis sie eine goldbraune Farbe angenommen hat.

In Stücke geschnitten lauwarm servieren.

CRÊPES MIT BRENNNESSELBLÄTTERN UND ZIEGENRICOTTA

Ein herausragender Gaumenzauber, der die kulinarische Leidenschaft für die Wildnis weckt.

Für 4 Personen | Zubereitungszeit: 20 Minuten
Ruhezeit: 30 Minuten | Backzeit: 10 Minuten

Für den Teig
100 g Vollkornmehl (am besten frisch gemahlen)
150 ml kohlensäurehaltiges Wasser
50 g Sahne
2 Eier
1 Prise Salz

Für die Füllung
200 g junge Blätter von der Großen Brennnessel (*Urtica dioica*)
1 Zehe Knoblauch
100 g Ziegenricotta
1 Prise Kräutersalz
frisch gemahlener schwarzer Pfeffer
2 Msp. frisch geriebene Muskatnuss

Außerdem
Olivenöl zum Ausbacken und Bestreichen

Für den Teig das Mehl, das Wasser, die Sahne, die Eier sowie das Salz in einer Schüssel zu einem flüssigen Teig verrühren. Diesen abgedeckt 30 Minuten quellen lassen.

Für die Füllung die Brennnesselblätter in einem Topf mit etwas Wasser bedecken, erhitzen und blanchieren, bis sie zusammenfallen. Dann in einem Sieb abtropfen lassen. Den Knoblauch abziehen und pressen oder fein reiben.

Die blanchierten Brennnesseln mit dem Knoblauch und dem Ricotta vermischen. Die Masse mit dem Kräutersalz, etwas Pfeffer und Muskatnuss würzen.

Die Teigmasse in einer Pfanne mit etwas Olivenöl zu Crêpes ausbacken. Dann die Füllung gleichmäßig auf den Crêpes verstreichen und diese einrollen. Mit etwas Olivenöl bestreichen und abgedeckt im vorgeheizten Backofen bei 150 °C Umluft 10 Minuten garen.

Die gebackenen Crêpes warm servieren.

SALAT AUS BUCHENBLÄTTERN

Geballte Lebenskraft aus den zarten Blättern
eines mächtigen Baumes.

Für 4 Personen | Zubereitungszeit: 20 Minuten

Für den Salat
200 g Schmand
1 EL Milch
1 grüne Spitzpaprika
1 Tomate
1 Zwiebel
1 Zehe Knoblauch
1 kleine Dose Maiskörner
Saft von 1 Zitrone
3 EL Olivenöl
Salz
frisch gemahlener schwarzer Pfeffer
4 Handvoll Blätter von der Rotbuche (*Fagus sylvatica*)

Für die Garnitur
1 Handvoll Vitalkerne-Mischung (Sonnenblumen-, Kürbis-, Pinienkerne)
1 Handvoll essbare Blüten von Wildkräutern oder Wiesenblumen

Für den Salat den Schmand mit der Milch in einer Schüssel verrühren. Die Spitzpaprika vom Stielansatz und Kerngehäuse befreien. Die Tomate ebenso vom Stielansatz befreien. Die Zwiebel abziehen. Die Paprika, die Tomate und die Zwiebel würfeln. Den Knoblauch abziehen und klein hacken. Den Mais abgießen.

Die zerkleinerten Zutaten sowie den Mais mit dem Zitronensaft sowie dem Olivenöl zum Schmand geben und alles vermischen. Den Salat mit Salz und Pfeffer abschmecken. Die Buchenblätter erst kurz vor dem Servieren untermengen.

Für die Garnitur die Vitalkerne-Mischung ohne Fett in einer Pfanne anrösten.

Den Salat auf vier Teller verteilen und mit den gerösteten Kernen bestreuen. Mit den Wildblumen garniert servieren.

TIPP
Statt Buchenblättern können auch Blätter von Birke, Haselnuss, oder Linde verwendet werden.

DISTELAUFLAUF

Ein Juwel aus der Kräuterküche.

Für 4 Personen | Zubereitungszeit: 15 Minuten | Backzeit: 20 Minuten

500 g Spaghetti
8 Handvoll Blätter von der Kohldistel (*Cirsium oleraceum*)
4 Zehen Knoblauch
400 g Käse am Stück (z. B. Mozzarella, Gouda, Emmentaler)
200 g Crème fraîche
Salz
frisch gemahlener schwarzer Pfeffer
Fett für die Form

Die Nudeln nach Packungsangabe al dente garen.

Inzwischen die Kohldistelblätter in mundgerechte Stücke zupfen, mit 2 l kochend heißem Wasser überbrühen, danach abtropfen lassen. Den Knoblauch abziehen und klein hacken. Den Käse reiben.

Die Crème fraîche, die Spaghetti und den Knoblauch in einer Schüssel vermengen. Die Mischung mit Salz und Pfeffer abschmecken. Die Hälfte in einer gefetteten Auflaufform verteilen und mit der Hälfte des Käses bestreuen. Die Kohldistelblätter auf dem Käse verteilen. Anschließend die übrigen Nudeln daraufgeben und mit dem restlichen Käse bestreuen.

Den Distelauflauf im vorgeheizten Backofen bei 180 °C Umluft 20 Minuten backen. Danach sofort servieren.

ZIEGENKÄSE-GIERSCH-KUCHEN

Eine hervorragende Speise für jeden Kräuterliebhaber.

Für 4 Personen | Zubereitungszeit: 15 Minuten | Backzeit: 35–40 Minuten

Für die Füllung
400 g Ziegenfrischkäse
200 g Ricotta
4 Eier
1 Zehe Knoblauch
1 große Zwiebel
1 EL Olivenöl
Salz
frisch gemahlener schwarzer Pfeffer
2 Handvoll Giersch (*Aegopodium podagraria*)
120 g entsteinte schwarze Oliven

Außerdem
Fett für die Form
1 Rolle Blätterteig (ca. 275–300 g; aus dem Kühlregal)

Für die Füllung den Ziegenfrischkäse mit dem Ricotta und den Eiern glatt rühren. Den Knoblauch abziehen und zur Frischkäsemischung pressen. Die Zwiebel abziehen, würfeln und ebenfalls hinzufügen. Das Olivenöl zugießen und alles vermengen. Die Masse mit Salz und Pfeffer abschmecken.

Den Giersch in mundgerechte Stücke zerteilen und mit kochend heißem Wasser überbrühen. Dann gut abtropfen lassen und unter die Frischkäsemasse heben.

Eine gefettete Tarteform mit dem Blätterteig auskleiden, dabei einen Rand aufstellen. Die Füllung auf den Teig geben und verstreichen. Zuletzt mit den Oliven belegen.

Die Tarte im vorgeheizten Backofen bei 180 °C Umluft 35–40 Minuten backen. Anschließend lauwarm oder kalt servieren.

BÄRLAUCHPESTO

Der Lauch aus unseren »Urwäldern« gilt als Kraftquelle für unser Leben.

Für 4 Personen
Zubereitungszeit: 15 Minuten

200 ml Olivenöl
2 Handvoll frische Bärlauchblätter (*Allium ursinum*)
100 g Parmesan
50 g Walnuss- oder Haselnusskerne
Salz
frisch gemahlener schwarzer Pfeffer

Alle Zutaten zusammen im Mixer zu einem Pesto verarbeiten. Zum Schluss noch einmal mit Pfeffer und Salz abschmecken.

TIPP

Das Pesto über Spaghetti geben oder als Salat- und Suppenwürze verwenden. Ein Rezept für Bärlauchschnecken finden Sie auf Seite 46.

KNÖTERICHSAFT

Erstklassige Delikatesse mit ursprünglichem Geschmack.

Menge je nach gewählter Topfgröße
Zubereitungszeit: 50 Minuten

½ 5-l-Topf Stangen Japanischer Staudenknöterich (*Fallopia japonica*)
250–500 g Zucker (Menge je nach Geschmack)

Die ungeschälten Knöterichstangen in 2 cm große Stücke schneiden. In einen Topf (5 l Fassungsvermögen) geben und bis 2 cm unter dem Rand mit Wasser auffüllen. Aufkochen und den Knöterich 30 Minuten köcheln lassen. Dann alles mit einem Stabmixer pürieren und anschließend durch ein Sieb passieren. Die aufgefangene Flüssigkeit in einem Topf mit dem Zucker verrühren, erneut aufkochen und 5 Minuten köcheln lassen.

Anschließend den Saft noch sehr heiß in vorbereitete, sterilisierte Flaschen füllen. Diese verschließen und mit dem Flaschenhals nach unten (dadurch werden die Bakterien an der Flaschenöffnung zerstört und der Saft ist lange haltbar) in einen Korb stellen und 30 Minuten abkühlen lassen.

Danach die Flaschen wieder umdrehen und den Saft vollständig abkühlen lassen. Er ist mehrere Jahre haltbar.

KOHLDISTEL-SMOOTHIE

Das Aroma der Wildnis verleiht Lebensmut und Hochgenuss.

Für 1 Person
Zubereitungszeit: 10 Minuten

1 Banane
½ Apfel
½ Avocado
1 kleines Stück Ingwer (1 cm)
Saft von ½ Zitrone
1 Handvoll Blätter von der Kohldistel (*Cirsium oleraceum*)
Zucker, Honig, Xylit oder Stevia zum Süßen nach Geschmack

Die Banane schälen und in Stücke schneiden. Den Apfel vom Kerngehäuse befreien und würfeln. Das Fruchtfleisch aus der Avocado lösen. Den Ingwer schälen.
Die Banane, den Apfel, die Avocado, den Ingwer, den Zitronensaft und die Distelblätter in einen Hochleistungsmixer geben. Wasser bis zur 1-Liter-Marke aufgießen. Alles zu einem Smoothie pürieren.
Zuletzt den Smoothie nach Geschmack mit Zucker, Honig, Xylit oder Stevia süßen. Sofort servieren.

HAINSALAT-CARPACCIO

Delikatesse aus unseren tiefen »Urwäldern«.

Für 4 Personen
Zubereitungszeit: 10 Minuten

4 Handvoll Hainsalat (*Aposeris foetida*)
Saft von ½ Zitrone
natives Olivenöl extra zum Beträufeln
frisch gemahlener schwarzer Pfeffer
100 g Parmesan am Stück

Den Hainsalat auf vier Teller verteilen. Zunächst mit dem Zitronensaft und dann mit etwas Olivenöl beträufeln. Den Salat mit Pfeffer würzen.
Den Parmesan dünn hobeln. Den Salat damit bestreuen und sofort servieren.

TIPP

Das Carpaccio mit Baguette servieren.

GUNDERMANN-KARTOFFEL-SUPPE

Ein Gaumenschmaus mit der Würze der Natur.

Für 4 Personen | Zubereitungszeit: 25 Minuten

1 Zwiebel
4 Scheiben Brot
Butterschmalz zum Anbraten (alternativ Olivenöl)
5 vorwiegend festkochende Bio-Kartoffeln
1 Zehe Knoblauch
1 l Gemüsebrühe
2 Handvoll Gundermannblätter (*Glechoma hederacea*)
100 g Crème fraîche
1 Prise frisch geriebene Muskatnuss
frisch gemahlener Pfeffer
Salz

Die Zwiebel abziehen und klein schneiden. Die Brotscheiben würfeln. Beides in einem großen Topf in Butterschmalz anbraten.

Die Kartoffeln waschen und ungeschält in Scheiben schneiden. Den Knoblauch abziehen und fein reiben oder pressen. Die Kartoffeln und den Knoblauch zur Zwiebel-Brot-Mischung geben. Danach mit der Gemüsebrühe aufgießen und 10 Minuten köcheln lassen.

Anschließend 1 Handvoll Gundermannblätter sowie die Crème fraîche dazugeben und alles mit einem Stabmixer pürieren. Mit 1 Prise Muskatnuss, Pfeffer und Salz abschmecken. Die übrigen Gundermannblätter klein hacken.

Die Suppe auf vier Teller verteilen und mit den gehackten Gundermannblättern bestreuen.

MUS AUS JAPANISCHEM STAUDEN-KNÖTERICH MIT ZITRONENCREME

»Wilder Rhabarber« verfeinert mit einer Creme aus dem Gourmethimmel.

Für 4 Personen | Zubereitungszeit: 45 Minuten

Für die Creme
4 Blatt weiße Gelatine
300 ml Buttermilch
Abrieb von 1 unbehandelten Zitrone
60 g Puderzucker
300 g Sahne
einige Zitronenspalten

Für das Mus
600 g Stangen Japanischer Staudenknöterich (*Fallopia japonica*)
10 g Ingwer
Mark von ½ Vanilleschote
3 EL Puderzucker

Für die Creme die Gelatine in kaltem Wasser einweichen. Die Buttermilch mit dem Zitronenabrieb und Puderzucker in einer Schüssel verrühren. 3 EL der Buttermilch-Mischung in einem kleinen Topf leicht erwärmen.

Die Gelatine vorsichtig ausdrücken und in der warmen (nicht kochenden!) Buttermilch-Mischung auflösen. Dann rasch mit der restlichen Buttermilch-Mischung in der Schüssel verrühren. Anschließend die Masse 20 Minuten kühl stellen, sie sollte nicht zu fest werden. Danach die Sahne steif schlagen und unter die Masse ziehen.

Für das Mus die Stangen des Japanischen Staudenknöterichs wie Rhabarber schälen, in 2 cm große Stücke schneiden und in 500 ml kochendem Wasser 25 Minuten garen. Den Ingwer schälen und klein schneiden.

Den gegarten Knöterich mit dem Vanillemark, dem Puderzucker und dem Ingwer pürieren. Das Mus anschließend erkalten lassen.

Das erkaltete Mus abwechselnd mit der Zitronencreme in vier Gläser schichten. Bis zum Servieren kühl stellen, dann mit Zitronenspalten garnieren.

CANNELLONI MIT BRAUNELLEFÜLLUNG

Farbenfrohe lila Blüten öffnen die Pforten zu fantastischen Geschmacksexplosionen.

Für 4 Personen | Zubereitungszeit: 60 Minuten | Backzeit: ca. 35 Minuten

2 Handvoll Blütenköpfe von der Kleinen Braunelle (*Prunella vulgaris*)
2 Zehen Knoblauch
200 g Ricotta
3 Eier
Salz
frisch gemahlener schwarzer Pfeffer
8 Cannelloni-Röhrchen
100 g Sahne
150 g Reibkäse
4 Tomaten

Die Blütenköpfe grob hacken und in einem Sieb mit kochend heißem Wasser überbrühen.

Den Knoblauch abziehen und pressen. Den Ricotta mit 1 Ei und dem Knoblauch glatt rühren. Die Masse mit Salz und Pfeffer würzen, danach die Braunelleblüten untermengen. Die Masse mithilfe eines Spritzbeutels oder mit einer Gabel in die Cannelloni-Röhrchen füllen und diese in eine Backform legen.

Die Sahne mit den übrigen 2 Eiern, 60 g Käse und etwas Salz verquirlen. Die Tomaten vom Stielansatz befreien, würfeln und mit dem Sahne-Ei-Gemisch vermengen. Die Mischung über den Nudeln verteilen. Den Auflauf mit dem restlichen Käse bestreuen.

Die Cannelloni im vorgeheizten Backofen auf der mittleren Schiene bei 180 °C Umluft in etwa 35 Minuten goldgelb überbacken.

TOMATEN-MOZZARELLA MIT GOLDNESSELBLÄTTERN

Das Blatt mit dem kosmischen Silberstreif verleiht bärenstarke Vitalität.

Für 4 Personen | Zubereitungszeit: 15 Minuten

4 große Tomaten
4 Kugeln Mozzarella (à ca. 125 g)
Salz
frisch gemahlener schwarzer Pfeffer
natives Olivenöl extra zum Beträufeln
dunkler Balsamico zum Beträufeln
2 Handvoll Goldnesselblätter (*Lamium galeobdolon*)

Die Tomaten vom Stielansatz befreien und in Scheiben schneiden. Den Mozzarella abtropfen lassen und ebenfalls in Scheiben schneiden.

Die Tomaten- und Mozzarellascheiben abwechselnd überlappend auf einer Platte anrichten. Mit Salz und Pfeffer würzen, dann Olivenöl und Balsamico darüberträufeln.

Die Goldnesselblätter klein zupfen und über dem Tomaten-Mozzarella-Salat verteilen. Kurz ziehen lassen und dann servieren.

GOLDNESSEL-KICHERERBSEN-CURRY

Die feine Nessel beschert unvergessliche Gaumenfreuden.

Für 4 Personen | Zubereitungszeit: 70 Minuten
Ruhezeit: über Nacht (für die Kichererbsen)

250 g getrocknete Kichererbsen (alternativ 500 g Kichererbsen aus der Konserve)
2 Zwiebeln
2 Zehen Knoblauch
1 rote Chilischote
1 kleines Stück Ingwer (2,5 cm)
4 EL Kokos- oder Olivenöl
5 Handvoll Goldnesselblätter (*Lamium galeobdolon*)
2 EL Currypulver
400 ml Kokosmilch
Salz

Die getrockneten Kichererbsen in kaltem Wasser über Nacht einweichen. Am nächsten Tag die Kichererbsen in ein Sieb abgießen und mit kaltem Wasser abspülen. Anschließend nach Packungsangabe in etwa 60 Minuten weich kochen und danach abgießen. (Kichererbsen aus der Dose einfach vor der Verwendung in ein Sieb abgießen und mit kaltem Wasser klar spülen.)

Die Zwiebeln sowie den Knoblauch abziehen und würfeln. Die Chilischote nach Geschmack entkernen und in feine Ringe schneiden. Den Ingwer schälen und fein reiben.

Das Öl in einer Pfanne oder einem großen Topf erhitzen. Die Zwiebeln mit der Chilischote darin bei mittlerer Temperatur anschwitzen. Inzwischen die Goldnesselblätter mit 1 l kochend heißem Wasser überbrühen und anschließend abtropfen lassen.

Den Knoblauch, den Ingwer sowie das Currypulver zur Zwiebel-Chili-Masse geben und kurz anschwitzen. Dann die Kokosmilch zugießen und die Kichererbsen, die Goldnesselblätter sowie Salz nach Geschmack hinzufügen. Eine kleine Portion der Mischung abnehmen und glatt pürieren. Das Püree wieder dazugeben und unterrühren, so wird das Curry sämiger.

Das Curry ein paar Minuten köcheln lassen, bis die individuell gewünschte Konsistenz erreicht ist. Falls nötig, noch etwas Wasser hinzufügen. Dann sofort servieren.

TIPP
Das Curry passt gut zu Reis. Die Goldnesseln können durch alle Taub- oder Brennnesseln ersetzt werden.

BIRKENBLÄTTER-SELLERIE-SUPPE

Köstliche Blätter des Schamanenbaums verwandeln jedes Süppchen in ein Elixier der Leichtigkeit und Fröhlichkeit.

Für 4 Personen | Zubereitungszeit: 60 Minuten

2 Schalotten
2 Zehen Knoblauch
1 Karotte
1 Pastinake
1 EL Ghee (alternativ Butterschmalz)
½ Knolle Sellerie
3 mittelgroße mehligkochende Kartoffeln
3 Handvoll Blätter von der Gemeinen Birke (*Betula pendula*)
1 EL Crème fraîche
30 ml trockener Weißwein
Salz
fein gemahlener weißer Pfeffer
1 Handvoll kleine essbare Blüten von Wildkräutern oder Wiesenblumen

Die Schalotten sowie den Knoblauch abziehen und klein hacken. Die Karotte und die Pastinake in Scheiben schneiden. Das Ghee in einem großen Topf schmelzen und die vorbereiteten Zutaten darin goldgelb anschwitzen.

Inzwischen den Sellerie und die Kartoffeln schälen. Den Sellerie würfeln und die Kartoffeln in Scheiben schneiden. Beides zu den Zutaten in den Topf geben und mit 1 l Wasser aufgießen. Das Wasser bei höchster Temperatur aufkochen und dann alles bei niedriger Temperatur 30 Minuten köcheln lassen.

Anschließend 2 Handvoll Birkenblätter und die Crème fraîche hinzufügen. Die Mischung mit einem Stabmixer oder in einem Mixer pürieren. Die Suppe zuletzt mit dem Weißwein, Salz und Pfeffer abschmecken.

Die übrigen Birkenblätter hacken. Die heiße Suppe auf vier Teller verteilen und mit den zerkleinerten Blättern sowie den Blüten bestreut servieren.

GRÜNE SAUCE AUS WILDKRÄUTERN MIT KARTOFFELN

Würziger Dip aus dem Aromareich unserer Natur.

Für 4 Personen | Zubereitungszeit: 60 Minuten

8 mittelgroße festkochende Kartoffeln
Salz
4 Eier
5 Handvoll Wildkräuterblätter (z. B. Giersch, Taubnessel, Brunnenkresse, Braunelle, Hainsalat, Ampfer, Gundermann, Bärlauch, Kohldistel, Löwenzahn)
3 Zehen Knoblauch
500 g Speisequark (40 % Fett i. Tr.)
1 Becher Schmand (ca. 200 g)
2 Becher Naturjoghurt (à ca. 150 g)
1 EL Olivenöl
1 EL Weinessig
1 EL Senf
frisch gemahlener schwarzer Pfeffer
1 Handvoll essbare Blüten von Wildkräutern oder Wiesenblumen

Die Kartoffeln schälen, der Länge nach halbieren und in leicht gesalzenem Wasser gar kochen.

Die Eier hart kochen und anschließend pellen. Die Kräuter mit einem Wiegemesser fein schneiden. Den Knoblauch abziehen und klein hacken.

Den Quark, Schmand, Joghurt, das Olivenöl, den Essig, Knoblauch und Senf in einer Schüssel gut verrühren. Anschließend die Kräuter untermischen. Die hart gekochten Eier in Scheiben schneiden und unterheben. Zuletzt die grüne Sauce mit Salz sowie Pfeffer abschmecken und mit den Blüten garnieren.

Die Kartoffeln mit der grünen Sauce auf vier Tellern verteilen und servieren.

TIPP
Die Kartoffeln können auch durch Topinambur ersetzt werden.

SPITZWEGERICHOMELETT

Grüne Versuchung mit dem vitalsten Lebenssaft des Universums.

Für 2 Personen | Zubereitungszeit: 30 Minuten

1 Handvoll Blätter vom Spitzwegerich (*Plantago lanceolata*)
50 g Gruyère (Käse)
3 Eier
1 EL Milch
Salz
frisch gemahlener schwarzer Pfeffer
Butterschmalz zum Braten (alternativ Sonnenblumenöl)
essbare Blüten von Kräutern oder gehackte Kräuterblätter zum Garnieren

Den Spitzwegerich in mundgerechte Stücke zerkleinern.

Den Käse reiben. Die Eier und die Milch mit einer Gabel verquirlen. Den Käse einrühren und die Mischung mit etwas Salz und Pfeffer würzen.

Das Butterschmalz in einer Pfanne bei mittlerer Temperatur schmelzen und die Eiermischung hineingießen. Die Masse leicht stocken lassen, dann einmal von links nach rechts schieben und von unten nach oben und glatt streichen. Den zerkleinerten Spitzwegerich darauf verteilen, den Pfannendeckel aufsetzen und das Omelett bei niedriger Temperatur etwa 2 Minuten garen.

Anschließend das Omelette zusammenklappen und auf einen Teller geben. Mit Kräuterblüten oder gehackten -blättern garnieren und servieren.

TIPP

Die Spitzwegerichblätter können durch andere beliebige Wildkräuter ersetzt werden oder auch durch essbare Blüten von Wildkräutern oder Wiesenblumen.

SOMMER

Schon früh blinzelt die Sonne morgens vom Himmel und die Luft riecht nach zauberhaft fruchtig-frischen Himbeeren, würzigem Wiesensalbei und süßlich-pudrigem Holunder.

WILDE BROMBEERE

Rubus fruticosus

Zauberstrauch mit magischen Heilkräften
Wegen seiner langen, überhängenden Zweige bezeichnete man den Brombeerstrauch in früheren Zeiten auch als Zauberstrauch. So ging man damals unter besonders lang gebogenen Strauchästen hindurch, um Unglück und Krankheit daran abzustreifen. Die riesigen »Haifisch«-Dornen ergriffen dabei die übel meinende Energie und entließen den Hindurchschlüpfenden gesund und glücklich und bereit für die neuen Herausforderungen des Lebens. Während dieses Rituals sprach man Zaubersprüche, die die Absicht des Hilfesuchenden unterstützten und seine Gedanken wieder klärten.

Die schmackhaften und Vitamin-C-reichen Beeren werden seit alters am Waldrand und in Wäldern gesammelt, wo die magische Aura der sie umgebenden, kraftvollen Bäume auf sie übergehen soll. Dem mythischen Glauben nach soll, wer Waldpflanzen mit seiner Nahrung aufnimmt, die andere Seite des Waldes, wo Baumwesen und Pflanzengeister, Feen und Zwerge wohnen, sehen können. Essbare Waldbeeren wie die Brombeere oder ihre Schwester, die Kratzbeere (niedrige, dornige Büsche mit mattblauen Beeren, die wie Brombeeren ausschauen), sollen betören, verzaubern und heilen. Sie helfen dabei, eine enge Verbindung mit dem Wald zu knüpfen und dessen Seele zu spüren. Der Verzehr dieser kostbaren Beeren dient zur Inspiration und kann bei feinem Gespür alle Sinne öffnen, um den Geistern des Waldes zu begegnen.

Geruch wie Geschmack der schwarzen Früchte sind auf besondere Weise süßlich und erzeugen ein liebliches Gefühl der Geborgenheit.

Erkennungsmerkmale
Die Brombeere ist eine Kletterpflanze und wird bis zu 3 Meter hoch; die Stängel sind je nach Art oder Sorte mehr oder weniger stachelig und verholzen mit der Zeit. An ihren Trieben sitzen wechselständig unpaarig drei-, fünf- und siebenzählig gefiederte, gezähnte Blätter, die im Herbst nicht abgeworfen werden. Im Frühling bringt die Pflanze weiße bis hellrosa Blüten hervor, von Juli bis Oktober die saftigen und wohlschmeckenden Früchte, die schwarz glänzen.

Essbare Teile
Die Blätter und Blüten ergeben einen schmackhaften Tee und verzieren Salate. Aus den blauschwarzen, glänzenden Früchten werden sehr köstliche Marmeladen, Desserts, Kuchen, Säfte und Weine hergestellt.

Standort
Brombeeren wachsen an sonnigen bis schattigen Waldrändern, lichten Waldwegen, Wegrändern, Waldlichtungen und Gebüschen.

Wirkstoffe
Gerbstoffe (bis zu 14 Prozent), Flavonoide, Fruchtsäuren (Zitronensäure), viel Vitamin A und E, hoher Magnesium- und Eisengehalt, antioxidative Pflanzenfarbstoffe.

Gesundheitsfördernde Wirkung
Brombeeren erzielen heilsame Wirkungen bei Durchfall, Entzündungen im Mund- und Rachenraum; die enthaltenen Antioxidantien schützen den Körper vor schädlichen freien Radikalen, die für den Alterungsprozess mit verantwortlich sind.

Planetarische Zugehörigkeit

Die Brombeere gehört zu den Venuspflanzen, die sich durch üppige Blüten- oder Fruchtbildung und süßen Geschmack auszeichnen. Sie gilt wie ihr Planet als Symbol der Liebe und der Harmonie.

GEWÖHNLICHER GILBWEIDERICH

Lysimachia vulgaris

Sonnenblüten für gute Laune

Schon 300 Jahre vor unserer Zeitrechnung war Gilbweiderich eine anerkannte Heilpflanze. Davon zeugt auch der botanische Name: *Lysimachia* leitet sich von Lysimachos ab, dem Namen eines Feldherren Alexanders des Großen, der seinen Militärärzten riet, Gilbweiderich zur Wundheilung zu nutzen. Wegen der enthaltenen Gerbstoffe verwendete man die Pflanze gegen Durchfall und Entzündungen im Mund, den hohen Gehalt an Vitamin C machte man sich im Kampf gegen Skorbut zunutze. Als Räuchermittel sollte Gilbweiderich sogar Schlangen vertreiben können.

Nach altem Glauben öffnen die an kleine Sonnen erinnernden Blüten den Hinübergehenden die Himmelstür. Zudem seien sie Schlüssel zur Anderswelt, indem ihr Verzehr das Bewusstsein erweitere. Gilbweiderich gilt als Kraut für alle, die ahnen, dass hinter der sichtbaren Wirklichkeit eine andere, unsichtbare Wirklichkeit existiert.

Erkennungsmerkmale

Die Wuchshöhe der Pflanze erreicht circa 40 bis 150 Zentimeter. Typisch für den Gilbweiderich: eine Rispe mit unzähligen gelben Blüten, pyramidenförmiger Blütenstand, Blätter meist in Quirlen zu drei bis vier angeordnet, Krone goldgelb, am Grund rötlich. Wie der Stängel sind die Blütenblätter kurz beharrt.

Essbare Teile

Aus den jungen Blättern kann man im April kurz in Öl gebacken salzige Chips herstellen. Ebenso eignen sich die Blätter für Salate und Spinatgerichte. Die sonnengelben Blüten verzaubern jede Speise.

Standort

Den Gewöhnlichen Gilbweiderich findet man häufig an lichten Waldstellen, in Sumpfgebüschen, Röhrichten, Bachsäumen und auf feuchten Wiesen. Verstreut kommt er zudem in Kalk- und Trockengebieten vor.

Wirkstoffe

Saponine, Gerbstoffe, Flavonoide.

Gesundheitsfördernde Wirkung

Gilbweiderich wirkt bei Zahnfleischproblemen in Form von Spülungen. Zudem hilft er bei Magen- wie Darmbeschwerden und Durchfall.

Planetarische Zugehörigkeit

Die Gilbweiderich-Eigenschaften des Sich-Ausdehnens, des Durchbruchs (aus dem Boden heraus) und der Erweiterung sprechen eindeutig für eine Jupitersignatur, die durch einen unaufdringlich süßen Duft betont wird. Jupiter steht für die Fähigkeit, aus aufgenommener Nahrung Kraft, Wohlbefinden und Gesundheit zu schöpfen.

HIMBEERE

Rubus idaeus

Zauberstrauch in magischen Wäldern

Der ursprünglich im Hochgebirge beheimatete Strauch wächst seit vielen Jahrhunderten in Amerika, Indien und Europa. In Europa werden Himbeeren seit dem Mittelalter kultiviert und wurden bei königlichen Tafeln den geschmacksverwöhnten Gästen auf goldenen Tellern serviert. Der griechischen Mythologie zufolge geht die anmutende rote Farbe der Himbeere auf die Tochter des Königs von Kreta zurück, die Nymphe Ida. Diese beugte sich nieder, um eine Himbeere zu pflücken, die zur damaligen Zeit noch weiß waren. Aber die Dornen des Strauchs verletzten ihre Brust, sodass sie blutete. Einer der Blutstropfen fiel auf die Frucht und färbte diese rot.

In der Küche ist die Himbeere durch ihr hübsches Aussehen auch ein schönes Deko-Element auf dem Teller. Schließlich sitzt sie ja wie ein kostbarer Edelstein an den sanft wirkenden Bodentrieben auf mystischen Wegen in tiefen Wäldern. Und ihr edler Geschmack verleiht vielen Gerichten eine ganz andere Geschmacksdimension! Im Feinstofflichen soll er die Menschen sogar verzaubern und sie mit den Wundern der Natur verschmelzen lassen.

Erkennungsmerkmale

Die Schlingpflanze hat bis zu 2 Meter hohe Stängel, die je nach Art oder Sorte mehr oder weniger winzige Stacheln entwickeln. Im Frühling zeigen sich weiße bis hellrosa Blüten.
Von Juni bis Oktober können dann die roten Früchte gesammelt werden, sie sind saftig und wohlschmeckend.

Essbare Teile

Himbeerblätter verleihen jedem Tee eine schmackhafte Note und die zaubervollen roten Beeren sorgen für Hochgenuss.

Standort

Wächst an sonnigen bis schattigen Waldrändern, lichten Waldwegen und -lichtungen.

Wirkstoffe

Gerbstoffe, Flavonoide, viel Vitamin C und E, Magnesium, Eisen, Kalium, Mangan.

Gesundheitsfördernde Wirkung

Die Himbeere ist bereits seit dem Altertum als Heilpflanze bekannt. Der Gehalt an Vitamin C, Kalium und Fruchtsäuren soll die Abwehrkräfte stärken und die Wundheilung fördern. Sie zeigt außerdem eine gute Wirkung bei Durchfall sowie Entzündungen im Mund- und Rachenraum. Ihre Antioxidantien schützen den Körper vor schädlichen freien Radikalen, die beim Alterungsprozess eine wichtige Rolle spielen. Die Himbeere soll zur Erleichterung der Geburt und Stärkung der Gebärmutter beitragen.

Planetarische Zugehörigkeit

Die Himbeere gehört zu den Jupiterpflanzen, deren Prinzip die Fülle ist, ebenso wie Ernte und Reife. Jupiter zugeordnet ist das Leber-Galle-System. Kraftvoll spiegelt sich der Planet daher vor allem in den zahlreichen edlen Früchten des Strauchs wider, die heilsam auf die Leber- und Gallefunktion wirken. Auch um im gesunden Gleichgewicht zu bleiben, soll die Himbeere uns beste Dienste leisten. Ihre kosmische Heilkraft hat bereits Paracelsus in seiner Signaturenlehre beschrieben.

HUNDSROSE

Rosa canina

Festmahlschmuck im antiken Rom

Rosen wurden bereits von den Sumerern – eine der ersten menschlichen Hochkulturen – gezüchtet. Die früheste bekannte Darstellung einer Rose befindet sich auf einer 4000 Jahre alten sumerischen Tontafel. Das Land zwischen Euphrat und Tigris gilt als Wiege dieser Blume, denn hier wurden die ersten Gartenrosen kultiviert und schließlich über das antike Griechenland in das übrige Europa verbreitet. Als die Rose auf Handelswegen das römische Reich erreichte, wurde sie in kürzester Zeit zu einem begehrten Luxusgut.

Eine besondere Rolle spielte die Pflanze während römischer Festmähler in luxuriösen Tempeln. Die Gäste rieben sich mit Rosenöl ein, schritten auf ausladenden Rosenteppichen zur Gasttafel oder dekorierten den Inhalt ihrer Weingläser mit schwimmenden Blütenblättern. Legendär sind die Feste von Kaiser Nero im Goldenen Palast auf dem Palatin. Rosenblüten und Rosenöl rieselten von der Decke, rosenduftender Wein wurde kredenzt und die Anwesenden badeten ausgiebig in Rosenwasser.

Erkennungsmerkmale

Rosen bilden mit ihren typischen Merkmalen – Stacheln, roten Hagebutten im Herbst und unpaarig gefiederten Blättern – einen üppigen Strauch. Während sie gezüchtet alle Farben des Regenbogens ausschöpfen, bilden sie in der Wildnis weiße, rosa oder pinkfarbene Blüten.

Essbare Teile

Die aromareichen Blüten können zu Gelees verarbeitet oder in Crêpeteig eingebacken werden. Ebenso schmücken sie jedes Festmahl mit ihrer magischen Aura. Selbst die schmalen Äste mitsamt ihren Dornen können glatt vermixt in einem Smoothie ihre ganze magische Kraft entfalten. Im Oktober lassen sich die roten Hagebutten zu Mus, Saucen oder Saft verarbeiten.

Standort

Die Hundsrose gedeiht an Waldrändern, zwischen Sträuchern und Hecken in der gesamten Natur, Parks, Waldlichtungen und Waldwegen.

Wirkstoffe

Hoher Vitamin-C-Gehalt, Pektine, Zucker, Gerbstoffe.

Gesundheitsfördernde Wirkung

Die Hundsrose wird zur Steigerung der Abwehrkräfte eingesetzt. Die Hagebutten helfen bei Erkältungen und Entzündungen im Rachenraum, die weißen Kerne der Hagebutten verwendet die Volksmedizin bei Blasenentzündungen und Nierensteinen.

Planetarische Zugehörigkeit

Die zauberhafte Rose verkörpert wie der Planet Mars Willensstärke und Widerstandskraft. Mit ihren Stacheln oder Dornen setzt sie sich zur Wehr und stärkt ihre Abwehr und Lebensenergie. Sie lehrt uns, mit dem Herzen zu leben, und begleitet uns auf dem Weg zur schöpferischen Kraft unserer Gedanken.

SCHWARZER HOLUNDER

Sambucus nigra

Der Schamane unter den Bäumen

Der Holunder soll eine magische Ausstrahlung haben, die den kosmisch angebundenen Zeitgenossen nicht entgehe. Unter dem Holunder sollen sich Pforten zu dem unterirdischen Reich der Erdgöttin Holle öffnen, die aus den Märchen als Göttin des Lebens und des Todes, als Herrin der Geister, Elfen und Elementarwesen bekannt ist. Wie im Märchen der Frau Holle erzählt, bringen die Kinder ihr Schicksal mit. Durch ihre Taten oder Untaten prägen sie ihre Veranlagung selbst mit. Am Tor zur irdischen Welt werden die Wiedergeborenen mit Lebensglück oder entsprechendem Pech belohnt. Vater und Mutter erschaffen demnach nur den Körper des Kindes, als Geistwesen ist es schon vor seiner Zeugung da. Die Göttin Holle nimmt außerdem die Seelen der toten Tiere und Menschen ebenso wie die Samen der Pflanzen in ihr unterirdisches Reich hinab und entlässt diese wieder zu einem bestimmten Zeitpunkt in eine neue Verkörperung auf der Erde.

So gilt der Holunder als ein Schwellenbaum, ein Zugang zu den verstorbenen Ahnen. Zu magischen Zeiten könne man diese bis heute um Rat fragen und sie sollen mit uns in Form von Impulsen kommunizieren, die uns zu neuen Ideen inspirieren. Es heißt, der Holunder sauge mit seinen Blättern die im Sonnenlicht verborgenen Lebenskräfte auf und gebe sie über seine weißen Blüten im Frühling und schwarzen Beeren im Spätsommer an uns Menschen weiter. So wurde der ganze Busch auch seit alters medizinisch verwendet und galt als Apotheke des einfachen Volkes.

Erkennungsmerkmale

Die Wuchshöhe der Pflanze beträgt 3 bis 5 Meter, die Zweige sind mit kleinen Knöpfen besetzt. Holunder hat elliptische Blätter (duften penetrant abstoßend) mit gesägtem Rand, je zwei Paar gegenüberliegend und ein Blatt an der Spitze, rahmweiße Schirmblüten von Mai bis Juni und violett-schwarze Beeren im August und September.

Essbare Teile

Die weißen, süß duftenden Blüten eignen sich zum Ausbacken in Pfannkuchenteig, für schmackhaften Sirup, Tees oder für würzige Kräuterlimonaden. Die schwarz-blauen Beeren werden zu Säften, Gelees oder zur klassischen Holundersuppe mit Griesnockerln verarbeitet.

Standort

Holunder gedeiht als Strauch oder Kleinbaum am Wegesrand, auf Waldlichtungen und in Hecken.

Wirkstoffe

Ätherisches Öl, Flavonoide (Rutin in großen Mengen), Gerbstoffe, Kaliumsalze (4 bis 9 Prozent). Die Beeren sind beste Vitaminschätze, darunter 18 mg Vitamin C pro 100 g.

Gesundheitsfördernde Wirkung

Aus den Blüten lässt sich ein immunstärkender Tee aufbrühen. Sie wirken schweißtreibend und sehr gut gegen Erkältungen, Rheuma, Masern sowie Heuschnupfen.
Die schwarzen Beeren, die nur gekocht zum Verzehr geeignet sind, reinigen den Darm, stärken das Immunsystem und helfen bei grippalen Effekten sowie Ischias.

Holunderblüte

Holunderbeeren

Planetarische Zugehörigkeit

Der astrologische Kräuterkundler Culpeper erkennt in dem schamanischen Kraftbaum die Signatur der Venus vor allem in den zarten, nektarreichen Blüten. Ihr lieblicher Duft und ihre atemberaubende Schönheit verklären den Wonnemonat Mai.

Beeindruckend ist die keimtötende Wirkung eines Holunderblütentees oder des Safts aus den Beeren, die diese in den Venusorganen – Niere, Blase, Harnleiter – entfalten.

GEWÖHNLICHE KIEFER

Pinus sylvestris

Lichtspender und höchste Gourmetgenüsse durch aromatisches Harz

Schon im Altertum galt der Kiefernzapfen aufgrund seines Samenreichtums als Sinnbild für Fruchtbarkeit und Reichtum, sodass er mit Geborgenheit, Sicherheit und Vertrauen verbunden wurde. Unsere Vorfahren verehrten die Kiefer zudem als Sitz der Götter, wo sie kostbare Impulse zur Lösung ihrer Sorgen und Probleme erhielten.

Die Kiefer zählt zu den harzreichsten einheimischen Nadelgehölzen. Aus ihrem Holz wurden die sogenannten Kienspäne geschnitten. Im Mittelalter waren sie die wichtigste Lichtquelle und wurden zum Teil noch bis ins 20. Jahrhundert verwendet. In einen Kienhalter gesteckt, konnten die Späne eine Bauernstube während der dunklen Nächte erhellen. Bis heute dienen sie daher als geeignetes Licht für romantische Stunden.

Der bernsteinfarbene Sirup aus Kiefernzapfen ist eine erlesene kulinarische Spezialität – mit seinem einzigartigen Aroma lässt er die Sinne in einen dichten Kiefernwald eintauchen. Die grünen, im Sommer reifen Zapfen in Quellwasser gelegt, veredeln dieses mit einer magisch-würzigen Note.

Erkennungsmerkmale

Die Waldkiefer ist ein Nadelbaum mit jeweils zwei zusammengewachsenen Nadeln. Die Borke erscheint in der Jugend glatt graugelb. Später bilden sich im unteren Stammbereich braunrote, tiefrissige und grobe Schuppen, woran man schon am Stamm den Baum sofort erkennt.

Essbare Teile

Die Zweige und Nadeln ergeben zu jeder Jahreszeit einen schmackhaften Sirup. Die grünen Zapfen im Sommer veredeln Quellwasser mit einer würzigen Note.

Standort

Die Kiefer bildet gern einen (mystischen) Wald, liebt aber auch den Waldrand. Sie entfaltet ihre ganze Pracht außerdem in Parkanlagen.

Wirkstoffe

Ätherisches Öl, Vitamin C, Bitter- und Gerbstoffe.

Gesundheitsfördernde Wirkung

In Salben verrührt wirkt das Harz der Kiefer durchblutungsfördernd, als Badezusatz bei Rheuma und Erschöpfung entspannend und wohltuend. Der würzige Duft des ätherischen Öls zeigt außerdem Erfolge bei katarrhalischen Erkrankungen der Luftwege.

Planetarische Zugehörigkeit

Die Kiefer gehört zu den Jupiterbäumen. Pflanzen mit dieser Signatur sind wie dieser Nadelbaum kräftig und stattlich, haben eine majestätische Gestalt und ein freundliches ruhiges Wesen.

LINDE (SOMMERLINDE, WINTERLINDE)

Tilia platyphyllos, Tilia cordata

Baum der Liebe und des Lebensglücks
Zahlreiche Legenden ranken sich um die Linde und machen sie zum Inhalt vieler lebensfroher Lieder. Durch ihren schönen Wuchs, die herzförmigen Blätter und den wunderbaren Duft ihrer Blüten verbreitet sie ein Gefühl von Geborgenheit, Wärme sowie Göttlichkeit. Sie gilt durch ihre beruhigende Ausstrahlung als weise Ratgeberin in allen Lebenslagen. Die heilende Kraft ihrer Blüten macht sie zum Zauberbaum, der die Menschen mit der Seele des Universums verbinden soll. Ihre herzförmigen Blätter gelten als Zeichen der Liebe und der Gerechtigkeit, weshalb unter ihrer Krone früher Gericht gehalten wurde.

Auch durch die schöne Form der Linde sahen die Menschen in ihr schon früh den Baum der Liebe. Der Duft ihrer Blüten gilt als betörend und ist ein Zeichen der Fruchtbarkeit. In zahlreichen Geschichten um verbotene Liebschaften treffen sich die Paare heimlich unter Linden. Mit seinen herzförmigen Blättern ist der Baum außerdem der Göttin Freya zugeordnet. Sie ist die Göttin der Liebe und Hüterin des Feuers und des Friedens.

Erkennungsmerkmale
Die breiten Blätter der Linde sind bekannt für ihre ausgeprägte Herzform. Aus den honigsüß duftenden Blüten entstehen kleine, kugelige Früchte mit einem einzigen schmalen, langen blass-grünen Hochblatt. Dieses trägt die reife Frucht beim Abfallen weiter weg, damit die Linde sich breit aussähen kann.

Essbare Teile
Im April verfeinern die zarten Blätter der Linde mit ihrer frischen hellgrünen Farbe und ihrem milden Geschmack Salate. Im Juni aromatisieren die Blüten Tees, Sirup und Limonaden. Selbst die kugeligen, jungen Samen können im Juni wie Kapern eingelegt werden und im August und September geschält als rohe Knabberei gegessen werden.

Standort
Linden wachsen in Parkanlagen, Baumalleen, Laubwäldern, Dorfmitten, Wald- sowie Wiesenrändern.

Wirkstoffe
Flavonoide, ätherisches Öl und Gerbstoffe.

Gesundheitsfördernde Wirkung
Der Tee aus Lindenblüten wirkt beruhigend und dient zur Linderung von Husten, Bluthochdruck, Fieber, grippalen Infekten, Stress oder Angstzuständen. Ein Tee der Baumrinde zeigt gute Effekte bei Blasenentzündung. Die gemahlene Kohle aus dem Holz der Linde hilft bei Darmbeschwerden.

Planetarische Zugehörigkeit
Die süßen, ätherischen Öle der Lindenblüten sind dem Göttermonarch Jupiter geweiht. Ihr die Sinne betäubender Wohlgeruch liegt im Zaubermonat Juni in der Luft. Der Hauch dieser magischen Pflanzenwesen soll Vertrautheit, Geborgenheit und eine tiefe Leidenschaft in unserer Seele entfalten.

GEWÖHNLICHER LÖWENZAHN

Taraxacum officinale/Taraxacum sect. Ruderalia

Der kosmische Energiespender
Wenn im Mai der saftig gelbe Löwenzahn aus dem Boden erwacht, verwandeln sich grüne Wiesen in leuchtende Blumenteppiche. Er strotzt nur so vor Vitalität – weshalb er von den Germanen auch als Zauberkraut verehrt wurde. Er soll mit seiner Überfülle an grünem Chlorophyll riesige Mengen an kosmischer Sternenenergie in sich aufnehmen. Seine grünen Blätter sollen die im einströmenden Licht verborgenen Lebenskräfte aufsaugen, diese in seinem Gewebe speichern und sie als Nahrungsmittel an den Menschen weitergeben. Auf diese Weise soll der Löwenzahn den Körper verjüngen, Kontakt mit der Seele aufnehmen und die Erweckung des Geistes ermöglichen. Es heißt, er vermittle Inspiration, sei Anstoß und Wegweiser für den geistigen Prozess der Freiheit und Unabhängigkeit der Seele und öffne die Pforten zu unserem wahren Selbst. Er helfe dabei, dass jeder seinen eigenen Wert erkennt und wertschätzt.

Medizinisch hat er es ebenfalls in sich: »Wo diese herrliche Pflanze wächst, braucht man keinen Ginseng einzuführen!«, meinte Georg Ohsawa, der Begründer der Makrobiotik. Und bereits um 1649 stellte der englische Kräuterarzt Nicholas Culpeper fest: »Dieses Kraut hilft uns, weiter zu sehen, ohne dass wir eine Brille benötigen.« Damit lag er gar nicht so weit von der wissenschaftlichen Wahrheit entfernt: Löwenzahn enthält beispielsweise neunmal so viel Vitamin C und 40-mal so viel Vitamin A wie ein Eisbergsalat aus dem Supermarkt. Wie gut also, dass er sich hervorragend zum Verzehr eignet, besonders in Frühlingssalaten und der Gründonnerstagssuppe.

Erkennungsmerkmale
Der Löwenzahn hat einen krautigen Wuchs und kann bis zu 50 Zentimeter hochragen. Ein hohler Stängel, der mit einem weißen Milchsaft gefüllt ist, schießt im Frühling in die Höhe. Unten bildet sich eine Blattrosette aus. Die einzelnen Blätter werden bis zu 30 Zentimeter lang, sind lanzettlich geformt und am Rand grob gezähnt.

Essbare Teile
Im Frühling verfeinern die zarten Löwenzahnblätter jeden Salat als vitaminreiche Beigabe. Im April schmecken die in der Blattrosette am Boden versteckten Knospen nach Nüssen. Die Blüten im Wonnemonat Mai lassen sich zur Dekoration der Speisen einsetzen sowie zu einem schmackhaften Sirup verarbeiten. Selbst die Stängel ergeben ein leckeres Buttergemüse und die getrockneten Wurzeln kann man rösten und als Kaffeeersatz einsetzen.

Standort
Am wohlsten fühlt sich der Löwenzahn an sonnigen bis halbschattigen Standorten, häufig auf Wiesen und sonnigen Waldwegen.

Wirkstoffe
Bitterstoffe, Falvonoide, Kumarine, Zucker (Fruktose), Inulin, Kalium; fünfmal so viel Eiweiß, achtmal so viel Vitamin C und zweimal so viel Kalium, Magnesium und Phosphor wie Kopfsalat.

Gesundheitsfördernde Wirkung
Wurzel und Kraut wirken stark harntreibend, verdauungsfördernd, schützen Leber, regen Galle und Bauchspeicheldrüse an.

Planetarische Zugehörigkeit

Der Löwenzahn mit seiner goldgelben Blüte und der mächtigen Pfahlwurzel trägt laut Paracelsus deutlich sichtbar die Signatur des Jupiters. Dieser Planetengott war für reiche Ernten, schmackhaftes Essen, Wein und Bier, aber auch für Fettleibigkeit und Gelbsucht verantwortlich. Im menschlichen Körper sitzt Jupiter in der Leber. So wurden im Mittelalter Probleme mit diesem Organ sowie die Gelbsucht mit der gelb blühenden und vor saftigem Blattgrün strotzenden Pflanze therapiert.

ECHTES MÄDESÜSS

Filipendula ulmaria

Magischer Zauber für Geschmacksexplosionen

Das Mädesüß hat viele Bezeichnungen: Wiesenkönigin, wilder Flieder, Sonnwendkraut, Wiesengeißbart oder Rüsterstaude. Eine weitere – wildes Aspirin – bezieht sich auf die Wirkung der Pflanze als Schmerzmittel, denn sie enthält Acetylsalicylsäure, den Grundstoff von Aspirin. Den Namen Mädesüß wiederum erhielt sie von unseren Urahnen, den Germanen. Sie süßten damit ihren Honigwein Met, ein alkoholisches Getränk, das sie ebenso liebten wie Bier. Und wenn Bauern ihre Wiese, auf der das Kraut wuchs, mähten, bekam das Gras einen wunderbaren süßlichen Duft, der an Mandeln und Honig erinnerte.

Dieser Wohlgeruch spielt auch bei einem weiteren alten Brauch eine Rolle: Mädesüß galt als Liebespflanze und diente dazu, böse Geister abzuhalten. Es wurde in der Nacht der Sonnenwende gesammelt und in die Balken von Häusern und Ställen gehängt oder auf den Boden des Hauses gestreut, um einen angenehmen Duft in der Stube zu schaffen.

Erkennungsmerkmale

Der oft rötlich gefärbte Stängel sowie die am Rand gesägten Blätter duften nach einem riesige Luftblasen erzeugenden Frucht-Kaugummi. Im Juni und Juli leuchten die aus unzähligen winzigen Blüten bestehenden Blütenbärte mannigfaltig im Grünen und duften überschwänglich nach Honig.

Essbare Teile

Im Juni ergeben die süß duftenden Blüten einen aromatischen Sirup und verwandeln Quellwasser in ein magisches Elixier. Mit den Blättern im April werden wohlschmeckende Tees zubereitet. Auch die Wurzeln finden in Smoothies eine sehr gute Verwendung.

Standort

Besonders wohl fühlt sich Mädesüß auf feuchten Wiesen sowie Waldwegen, an Bach-, Fluss- und Seeufern.

Wirkstoffe

Flavonoide, ätherisches Öl (Hauptwirkstoff Salicylaldehyd), Vanillin, Salicylsäureverbindungen, Gerb- und Schleimstoffe, Kieselsäure und Zitronensäure.

Gesundheitsfördernde Wirkung

Ein Tee aus Blüten (Juni, Juli) und Blättern (April, Mai) hilft bei Erkältungskrankheiten, Nierenproblemen, Muskel-, Gelenkrheumatismus und Gicht. Mädesüß soll außerdem das Immunsystem stärken.

Planetarische Zugehörigkeit

Die Jupiter geweihte Wiesenkönigin betört mit dem Duft ihrer unendlich vielen und winzigen Blüten, die sich in großen Bärten zusammenfinden. So leuchten sie verschwenderisch im Hochsommermonat Juli, wenn ihr Duft durch die warmen Lüfte weht und Jupiter mit seiner Fülle an Wohlgeruch die Sinne verzaubert.

GEMEINE NACHTKERZE

Oenothera biennis

Sonnengetränkte Blüten für die Seele

Die Nachtkerze kommt ursprünglich aus Nordamerika und wurde bereits von den Indianern als Naturmedizin zur Linderung von Hautkrankheiten genutzt. Aber schon im 17. Jahrhundert kam sie nach Europa und verbreitete sich aufgrund ihrer Heilkräfte sehr schnell. Nachdem man entdeckt hatte, dass ihre Wurzeln und Blätter essbar waren, baute man diese Art vielerorts in den Küchengärten als Gemüse an. Da sie in der Dunkelheit leuchtenden Blüten öffnet, bereichert sie außerdem jeden Mondgarten um eine besonders magische Komponente. Die Legende lehrt, dass Feen Tau aus Nachtkerzenblüten sammeln, um Trünke herzustellen, daher ist die Pflanze auch beliebt für Feengärten. Wer bei Mondschein in ihrer Nähe sitzt, so heißt es, könne die Anwesenheit magischer Naturwesen leicht spüren. Besonders gerne würden diese kleinen Erdbewohner in verwilderten Gärten auftauchen, wo sie sich in der Gemeinschaft mit Haustieren und Insekten sehr wohlfühlen, ihren Zauber aktivieren und die unsichtbaren Energiefelder der Erde sichtbar machen sollen. Die Nachtkerze tut demnach dem Körper und Gemüt gut. Wer seine Speisen mit dieser Zauberpflanze zubereite und dekoriere, der enthülle ihr Wesen, ihre Seele und ihre geheimen Kräfte.

Erkennungsmerkmale

Die krautige Pflanze ragt bis zu 1,5 Meter aus steinigen Böden und bezaubert mit ihren leuchtend gelben Blüten, deren Blätter an Schmetterlingsflügel erinnern. Die Blüten öffnen sich erst zur Abenddämmerung und verströmen einen intensiven Duft, der Nachtfalter anzieht. Das Öffnen erfolgt häufig innerhalb weniger Minuten in einer fließenden Bewegung. Die Plötzlichkeit und Schnelligkeit des Aufblühens ist ansonsten bei keiner anderen in Mitteleuropa vorkommenden Pflanze zu beobachten. Ihre roséfarbene Wurzel ist ein dickes Rhizom, das früher gerne als Kartoffelersatz verspeist wurde.

Essbare Teile

Vor der Blüte können die Wurzeln roh gegessen, in Salaten geraspelt oder wie Kartoffeln in Aufläufen verwendet werden. Von April bis Juni eignen sich die Blätter in Salaten und zubereitet als Chips als Snack. Die Blütenstängel können geschält roh gegessen oder in Eierspeisen verarbeitet werden. Die essbaren sonnengelben Blüten faszinieren ab Juni jeden Genießer. Ab September dienen die reifen, ölhaltigen Samen als Ersatz von Sesam in Gebäck und Broten.

Standort

Die Nachtkerze wächst gerne an Wegrändern, Kies- und Sandgruben, Steinbrüchen und Schotterbänken.

Wirkstoffe

Flavonoide, Gerbstoffe, ungesättigte Fettsäuren wie zum Beispiel Gamma-Linolensäure.

Gesundheitsfördernde Wirkung

Die Samen sind entzündungshemmend und krampflösend. Ihr Öl wird erfolgreich eingesetzt bei Neurodermitis sowie Bluthochdruck und wirkt cholesterinsenkend. Der Sirup aus Blättern und Blüten hilft bei Keuchhusten, Asthma und Magen-Darm-Leiden. Die Nachtkerze reaktiviert außerdem die Zellerneuerung und mindert Falten.

Planetarische Zugehörigkeit

Die Nachtkerze ist den beiden Planeten Saturn und Merkur zugeordnet, denn als nachtaktive Pflanze sagt man ihr nach, dass sie helfe, Schatten und Verdrängtes zu beleuchten, zu verstehen und Lösungen zu finden. Die Vergangenheit werde akzeptiert und ein neuer Anfang gefunden. Ihre erhellende Schwingung schenke Schutz und eine klare Vision des Kommenden.

GEWÖHNLICHER NATTERNKOPF

Echium vulgare

Das Aphrodisiakum aus antiken Zeiten
Der Natternkopf ist eine alte Heilpflanze, die vor allem als stolzer Heinrich, Himmelbrand oder Wilde Ochsenzunge bekannt ist. Er ist als Gurkengewächs, mit dessen unverwechselbarem Geschmack, seinen älteren Geschwistern, dem Beinwell und dem Borretsch, von der Heilwirkung sehr ähnlich. Daher spielte er auch in der Mythologie der Antike eine große Rolle.

Blühende Natternköpfe waren den Blitze schleudernden Göttern geweiht. Bei den Germanen waren es Thor oder Donar, bei den alten Griechen war es Zeus, dem die Pflanze geweiht war. Natternkopf hatte den Ruf, vor Blitzschlag zu schützen.

Viel Wissen um den Natternkopf ging schon vor Tausenden Jahren leider verloren, doch einiges erhielt sich im Aberglauben der Menschen. So galt er als Schutz gegen Schlangenbisse. Überlieferungen zufolge wurde Natternkopf auch in Matratzen gesteckt und in Vorratskammern gelegt, weil er die Fähigkeit habe, Ratten und Mäuse zu vertreiben.

Die Wirkung entfaltete sich aber nur dann, wenn dieses Zauberkraut zur Sommersonnwende vor Sonnenaufgang geschnitten wurde. Die Legende erzählt, dass man dann auf dem Heimweg keinen Bach überqueren durfte, um die Wirkung nicht zu verlieren.

Erkennungsmerkmale
Der Gewöhnliche Natternkopf wird 25 Zentimeter bis 1 Meter hoch und besitzt steife, stechende Borsten an Stängeln und Blättern. Die Blattrosette wächst in Bodennähe. Die Pflanze ist oft reich verzweigt. Ihre Staubblätter ragen aus den rosa, violett und himmelblau gefärbten Blüten heraus.

Essbare Teile
Von Mai bis Oktober verzaubern die blauen Blüten Desserts, Salate, Nudelgerichte, Reis und Brote.

Standort
Die Pflanze liebt trockene, durchlässige und vollsonnige Standorte: Kiesbeete oder trockene Böschungen.

Wirkstoffe
Alkaloide, Allantoin, Pyrrolizidinalkaloide, Schleimstoffe.

Gesundheitsfördernde Wirkung
Der Natternkopf hat, wenn er innerlich angewendet wird, einen harntreibenden Effekt, er wirkt gegen Husten, Fieber und Kopfschmerzen. Äußerlich helfen Umschläge bei Verstauchungen, Quetschungen und Zerrungen.

Planetarische Zugehörigkeit
Der Natternkopf belebt den Körper wie die Sonne, gibt ihm ein heimeliges Gefühl und wohlige Wärme. Als wahres Lebenselixier hält er, wie der leuchtende Himmelskörper, mit seinen erfrischenden Blütenblättern in den Farben Kornblumenblau und Pink den Lebensfunken aller Organe und besonders des Herzens wach.

SANDDORN

Hippophae rhamnoides

Vitaminreiche Zitrone des Nordens und der Alpen

Forscher gehen davon aus, dass diese uralte Heilpflanze vor circa 17.000 Jahren von den Höhen Tibets über die Steppen Zentralasiens zu uns kam. So kannten die Menschen schon in der Jungsteinzeit die süßsauren Beeren des Sanddorns, der zusammen mit Brombeeren, Wildrosen, Schlehen und Weißdorn einen natürlichen Zaun für das Weidevieh bildete. Diese dichte, dornige Hecke verhinderte das Eindringen reißender Wölfe und Bären und bot der Sippe Schutz. Sie stellte sowohl eine Barriere zwischen dem kultivierten Land und der Wildnis dar als auch eine metaphysische Grenze. Denn hinter diesem dornigen Gestrüpp lebten nicht nur Raubtiere, sondern, so glaubte man, hier fing außerdem das Reich der Ahnen- und Waldgeister, Trolle, Kobolde, Zwerge und Elfen an, mit denen die weisen Alten einer Siedlung in Kontakt traten und von denen sie in die Geheimnisse der diesseitigen sowie jenseitigen Welt eingeweiht wurden. Dabei erfuhren sie viel über die wertvollen Heil-, Nutz- und Nahrungspflanzen sowie deren schamanische oder rituelle Verwendung.

Nach dem Gründer der Anthroposophie Rudolf Steiner sind in den Beeren des Sanddorns die lebensbildenden Kräfte des Windes und der Sonne vertreten. Der hohe Karotingehalt sei Ausdruck der außerordentlichen Fähigkeit der Pflanze, Sonnenenergie und somit kosmische Licht- und Wärmeenergie aufzunehmen. Diese Sonnenkraft wirke lebenserzeugend, heilend und lebenserhaltend. Mit dem Genuss dieser orangen Beeren sollen dem Körper geheime Botschaften aus dem Kosmos zugeführt werden, welche die Vitalität fördern und den Menschen zu einem immunstarken, autarken Wesen entwickeln.

Erkennungsmerkmale

Der vielästige, dornige Strauch ähnelt dem mystischen Weidenbaum. Erkennbarer Unterschied: Der Sanddorn hat Dornen. Seine schmalen, weißsilbrigen Blätter sind bis 6 Zentimeter lang und 3 bis 10 Millimeter breit, schmallanzettlich, anfangs auf beiden Seiten mit Haaren silbrig-graugrün besetzt, später auf der Oberseite verkahlend und dunkelgrün. Die saftigen Beeren leuchten auffallend orangerot und schmecken süßsauer.

Essbare Teile

Im August locken die saftigen, orangen Früchte des Sanddorns zum Sammeln aus dem Haus. Sie eignen sich für Säfte, Speiseeis, Obstquark, Mus und Marmelade.

Standort

Der Sanddornstrauch kommt hauptsächlich in den bayerischen Schotterebenen und an den Flüssen im Alpenvorland wild vor. Er gilt auch als typischer Bewohner von nordeuropäischen Küstengebieten. Auf Sanddünen gedeiht er prächtig, ebenso auf Schotter und Kies.

Wirkstoffe

Sehr hoher Vitamin-C-Gehalt (1 TL der Früchte deckt den Tagesbedarf), Betacarotin, Gerbstoffe, Vitamin B_{12}, die Vitamine E und F, Kalzium, Magnesium, Flavonoide, mehrfach ungesättigte Fettsäuren in den Samen.

Gesundheitsfördernde Wirkung

Sanddorn ist ein altbewährtes Mittel bei Erschöpfungszuständen und Erkältungskrankheiten, hilft bei Konzentrationsschwäche, Kopfschmerzen und Kreislaufproblemen, zur Vorbeugung von Infektionen, erhält Bindegewebe, Knochen, Knorpel und Zähne und soll sogar unterstützend sein gegen Krebs. Aus den Samen gewonnenes Öl wird zur Wundheilung, bei Sonnenbrand und bei Schäden durch Röntgenbestrahlung angewendet.

Planetarische Zugehörigkeit

Im Sanddorn regiert die Vitalität und die Männlichkeit, die eindeutige Merkmale von Marspflanzen darstellen. Ebenso weisen sein Dornengewand und die orangen Beeren auf den dominierenden Charakter dieses Planeten hin.

DRÜSIGES SPRINGKRAUT

Impatiens glandulifera

Atemberaubende Kraft aus dem Himalaja

Die Bezeichnung Indisches Springkraut ist auf sein ursprüngliches ostindisches Verbreitungsgebiet zurückzuführen. Denn die Art stammt aus dem Himalaja, wurde 1839 aus Kaschmir erstmals nach England importiert und gelangte von dort als Zierpflanze auf den europäischen Kontinent. 1854 kam sie nach Deutschland. Doch erst in den 80er-Jahren des letzten Jahrhunderts begann ihre massive Ausbreitung an Waldrändern, Flusstälern und auf feuchten Auwiesen.

Laut Rudolf Steiner, dem Gründer der Anthroposophie, sind Pflanzen der perfekte Spiegel ihrer Umwelt und so kann man sich auch die plötzliche Verbreitung dieses Neophyten erklären: Unsere Umwelt hat sich in der Neuzeit deutlich verändert und auf den geschädigten, zerwühlten oder planierten Böden tauchen Pionierpflanzen auf, die dort optimale Wachstumsbedingungen vorfinden und in nur wenigen Wochen die unbewachsenen Flächen beherrschen. So auch das Indische Springkraut. Es besitzt einen Verbreitungsmechanismus, bei dem die reifen Samenkapseln unter anderem durch leichtes Berühren aufspringen und die Samen weit herausgeschleudert werden.

In der Küche werden nur diese Samen verwendet, sie sind ölhaltig und schmecken nach Walnüssen. Die Blätter dagegen lösen oftmals Brechreiz aus und sind nicht verzehrbar.

Erkennungsmerkmale

Die Blätter der bis zu 2 Meter hoch wachsenden Pflanze sind gegenständig und bis zu 25 Zentimeter lang. Die bis zu 4 Zentimeter langen Blüten erscheinen von Juni bis Oktober in den Farben Weiß, Rosa oder Purpurrot. Charakteristisch ist der abwärts gerichtete Blütensporn. Die Früchte befinden sich in Kapseln, die bei Berührung aufspringen.

Essbare Teile

Die weiß, rosa und pinkfarbenen Blüten im Spätsommer ziehen nicht nur hungrige Bienen an, sondern auch Gourmets, die ihre Speisen mit schmackhaften, magischen Blütenzauber schmücken möchten. Im Herbst verwöhnen die nach Nüssen schmeckenden braunen und schwarzen Samen jeden Wanderer und Naturliebhaber.

Standort

Das Kraut liebt feuchte und nasse Böden, daher findet man es oft am Waldrand, an Waldwegen und in der Nähe von Bächen, Flüssen und Seen.

Wirkstoffe

Bitterstoffe, Gerbstoffe, Glykoside, Öl, Tannine.

Gesundheitsfördernde Wirkung

Das zerriebene Kraut soll die Wundheilung verbessern, bei juckenden Insekten- und Nesselstichen wird es frisch zerdrückt aufgetragen. Abkochungen helfen bei Hämorrhoiden, Rheuma, Erkältungen, Drüsenentzündungen, Furunkeln und Pilzinfektionen.

Planetarische Zugehörigkeit

In der alten astrologischen Kräuterkunde galten die Springkräuter als Merkurpflanzen, weil sie nie verholzen, schnell wachsen und ihre Samen wegschleudern. Merkur ist der Planetengott blitzschneller Verwandlungen, der Ungeduld und Gereiztheit in positive Eigenschaften umwandelt. Daraus resultieren schnelles Handeln sowie Denken in Geduld, Zartheit, Vergebung und Sanftmut.

WIESENSALBEI

Salvia pratensis

Geschmack von Lebensfreude und Glück

Der wild wachsende aromatisch riechende Wiesensalbei ist eine der farbenintensivsten, am kräftigsten leuchtenden, edelsten und somit schönsten Pflanzen der Wegränder und Wiesen. An sonnigen Standorten erfreut er den ganzen Sommer über mit seinen violetten Lippenblüten, die sich in kerzenartigen Trauben in die Höhe recken. Zwar gilt sein Bruder, der kultivierte Gartensalbei, als heilkräftiger, doch auch der Wiesensalbei ist heilsam.

So kannten und nutzten ihn bereits die Römer als eine Art Allheilmittel und brachten ihn nach Mitteleuropa. Die keltischen Druiden lobten ihn als Pflanze, die Tote wieder zum Leben erwecken könne. Ebenso hielt man ihn im 18. und 19. Jahrhundert in England, aber auch in Deutschland für »das heilige Kraut«, mit dem sich das Leben verlängern lasse. Gesammelt wurde er wie andere intensiv duftende Kräuter schon immer an heißen Tagen: Aroma, Geschmack und die Heilkraft, die sich in den Wirkstoffen, vor allem den ätherischen Ölen, niederschlägt, seien Ausdruck der kosmischen Licht- und Wärmekräfte, die die Vegetation zu dieser Jahreszeit aufnimmt.

Ebenso traute man solchen kräftig duftenden Kräutern wie dem Salbei zu, ungute Geister zu vertreiben und es mit den negativen Kräften des Lebens aufzunehmen. Deshalb werden sie bis heute gerne zum Ausräuchern von Räumen genutzt und in Medizinbeutel gegeben.

Erkennungsmerkmale

Die dunkelviolette Blüte des Wiesensalbeis wächst in Trauben. Der Stängel zeigt vier Kanten und wächst aufrecht. Die hellgrünen, länglichen Blätter sind gegenständig angeordnet und unregelmäßig gezähnt. Beim Zerreiben verströmen sie den charakteristisch würzigen Duft nach Salbei.

Essbare Teile

Von April bis Juni dienen die Triebspitzen und Blätter als Tee, Aroma für Würzöle, Schnäpse, Kräuterlikör und Kräuterweine sowie zur Atemerfrischung. In Salaten, Suppen und Saucen entfalten sie eine schmackhafte Note. Die Blüten des Wiesensalbeis zaubern jedem als essbare Dekoration ein Lächeln ins Gesicht.

Standort

Wiesensalbei gedeiht auf Trocken- und Magerwiesen, in Parkanlagen, an Dämmen, Böschungen und Wegrändern. Er liebt nährstoffreiche Böden und Sonne.

Wirkstoffe

Ätherisches Öl, Flavonoide, östrogenartige Stoffe, Bitterstoffe.

Gesundheitsfördernde Wirkung

Wiesensalbei wirkt antibakteriell, zusammenziehend, lindert Menstruationsschmerzen und Beschwerden in den Wechseljahren, zeigt gute Wirkung beim Abstillen und agiert entzündungshemmend im Mund und Rachenraum.

Planetarische Zugehörigkeit

Die mittelalterlichen, astrologischen Kräuterärzte erkannten in dem aromatisch-würzigen, mit ätherischen Ölen versehenem Kraut den Göttermonarch Jupiter. Dessen Pflanzen blühen in einer prächtigen Farbskala von Gelborange bis zum majestätischen Purpur wie der Wiesensalbei. Dem menschlichen Gemüt, so meinte man, vermittle Jupiter echte Fröhlichkeit, Lebensfreude, Urteilsfähigkeit und ein klares Gedächtnis.

GEMEINE SCHAFGARBE

Achillea millefolium

Wunderpflanze aus der Steinzeit

Die Schafgarbe gehört zu den wichtigsten Heilpflanzen, die seit der jüngeren Altsteinzeit in der europäischen, russischen, sibirischen und indianischen Heilkunde eine Rolle spielen und ähnlich verwendet werden. Und sie zählt neben Frauenmantel zu den wirksamsten Frauenkräuter, was in einem Spruch aus der Volksmedizin verdeutlicht wird: »Schafgarbe im Leib tut wohl jedem Weib«. Der aromatische Duft der Pflanze brachte sie außerdem in den Ruf, gegen die Pest wirksam zu sein. Sie wurde zu diesen Zeiten in den Häusern aufgehängt, womit der niederbayerische Name »Pestilenzkraut« zusammenhängt. Bis heute gilt sie als einer der besten Wundheiler, ja gar, wie die vitale Brennnessel, als Allesheiler. Daher sollte sie in der Vegetationsphase möglichst regelmäßig auf dem Speiseplan stehen.

Als Heilpflanze und Liebesorakel ist die Schafgarbe der Göttin Freya geweiht. Das magische Kraut soll als Vermittler zwischen den Welten – zwischen Diesseits und Jenseits – dienen. Es soll eine sinnliche wie auch übersinnliche Dimension haben. Nirgendwo sei die Pflanzenseele der inkarnierten Welt näher als in dessen Blüte. In ihrer Farbe, ihrem Duft und ihrer Ausstrahlung offenbare sich das Seelenhafte dieser wunderbaren Pflanze am ehesten. Es heißt, sie könne unsere Seelen berühren und uns auf den richtigen Lebenspfad bringen.

Erkennungsmerkmale

Die schmalen, zarten, doppelt fiederteiligen Blätter der Schafgarbe wirken in ihrer länglichen Form sehr fein und zierlich. Zudem erinnert das Gesamtblatt an eine Augenbraue. Der Blütenkopf zeigt einen Schirm, der aus kleinen Einzelblüten besteht. Die Blüten sind klein, weiß bis rosa und stehen in großer Menge dicht beieinander.

Essbare Teile

Ab März können die feinen Blätter als Würze für Kräuterbutter, Salate, Quark und Kräutersalz gesammelt werden. Ab Mai verführen die weißen Blütendolden zur Herstellung eines schmackhaften Sirups oder als essbare Dekoration auf vielen Speisen.

Standort

Die Pflanze fühlt sich auf vielen, vor allem trockenen, Wiesen zu Hause, wie auch an Weges- oder Ackerrändern und auf Waldlichtungen.

Wirkstoffe

Gerb- und Bitterstoffe, Flavonoide, Schleimstoffe, Kupfer, Kalium.

Gesundheitsfördernde Wirkung

Die Schafgarbe regt den Appetit an, stärkt das Immunsystem, hemmt Entzündungen bei Magen- und Darmproblemen. Sie beruhigt das Gemüt und reinigt das Blut. Des Weiteren hilft sie bei Nierenerkrankungen, Durchblutungsstörungen des Herzens, bei Nerven-, Kopf- und Zahnentzündungen.

Planetarische Zugehörigkeit

Der aromatische Korbblütler ist sowohl der Venus (als Frauenkraut) als auch dem Mars zuzuordnen. Medizinisch wirken Venuskräuter kühlend und lindernd, während viele Wundkräuter, vor allem die Schafgarbe, zu den Marspflanzen gehören.

WIESEN-STORCHSCHNABEL

Geranium pratense

Himmelblaue Blüten adeln jedes Festtagsmenü

Der Storchschnabel trägt seinen Namen wegen der Fruchtknoten, die mit ihrer roten Spitze an Storchenschnäbel erinnern. Die Schönheit seiner Blüten inspirierte seit jeher zu einer Vielzahl an Impulsen aus der Natur, der Wahrnehmung des Zaubers und der geheimnisvollen Aura von Frühling und Sommer. Das Himmelblau der Blüten ist ein Symbol für Sehnsüchte und für die Suche nach dem eigenen persönlichen Glück. Sie ist außerdem die Farbe der Himmelsgötter, war schon in alten Vorstellungen mit der Verbindung zum Anderweltlichen verknüpft. Und sie soll die Lebensfreude wecken: So sagte man vom Storchschnabel, er mache schwermütige Menschen wieder froh und heiter – dabei soll es schon reichen, wenn man die Pflanze liebevoll ansieht. Mittelalterliche Ärzte lobten das magische Kraut überschwänglich und nannten es auch Gottesgnadenkraut. Es sollte beispielsweise – so lange in einem Säckchen über den Nacken gebunden, bis das Kraut vertrocknet ist – den grauen Star heilen. War eine Frau unfruchtbar, so half laut alten Kräuterbüchern die um den Hals gehängte Wurzel.

Bis heute wird Wiesen-Storchschnabel in der Hausapotheke hochgeschätzt – ebenso in der Küche, denn er eröffnet kulinarisch einen reichen Schatz an Verwendungsmöglichkeiten und Aromen.

Erkennungsmerkmale

Das hübsche Storchschnabelgewächs wird bis zu 80 Zentimeter hoch und hat reich verzweigte Stängel. Die kräftig gebuchteten Blätter sind fünf- bis siebenteilig und stark gezähnt. Im Juni und Juli leuchtet die buschige Wiesenblume mit blau-violetten Blütenblättern auf saftigen Wiesen.

Essbare Teile

Ab April bereichern die Blätter vom Wiesen-Storchschnabel Kräuterquark, Omelette, Quiche, Suppen, Gemüsefüllungen und Aufläufe. Die essbaren blauen Blüten wecken ab Juni auf Salaten oder in Frischkäsezubereitungen die Lebensfreude und bringen in Tees das Herz zum Tanzen. Ab August lassen sich aus den Samen frische Keimlinge auf der Fensterbank ziehen.

Standort

Die krautige Pflanze wächst bevorzugt in feuchten Senken von Wiesen und an Gräben.

Wirkstoffe

Ätherische Öle, Carbonsäure, Flavonoide, Geraniol, Gerbstoffe, Kaffeesäure, Quercetin, Rutin.

Gesundheitsfördernde Wirkung

Der Wiesen-Storchschnabel wird als Heilmittel in Tees gegen Schlaflosigkeit, Fettleibigkeit sowie Gemütsverstimmungen angewendet. Als Umschlag wirkt er kühlend, abschwellend und entzündungshemmend.

Planetarische Zugehörigkeit

Der Wiesen-Storchschnabel zeichnet sich durch üppige Blütenbildung und süßen Geschmack aus, beides Komponenten von magischen Venuspflanzen. Man findet sie in sanften, fruchtbaren und harmonischen Landschaften. Der Liebreiz der die Sinne verzaubernden Blume erfüllt den Betrachter mit kosmischer Harmonie.

VOGELKIRSCHE

Prunus avium

Süße Versuchung an heißen Sommertagen
In vielen Legenden wird der Vogelkirschbaum mit dem Unheimlichen verknüpft. So soll er Wohnstätte von Wald- und Baumgeistern sein. Es heißt, man könne diese bei Vollmond, wenn die Rinde des Kirschbaums silbrig schimmert, um den Stamm tanzen sehen. Mit diesem Erlebnis gelinge der Einstieg in eine andere Welt, eine geistig durchwirkte Welt, die jeden mit dem Allbewusstsein verbinde, in der das gesamte Wissen aller jemals existierten Generationen gespeichert sei und aus dem jeder sein Urvertrauen gewinnen könne. Auf diese Weise komme man in den Kontakt zu den Seelen seiner Ahnen.

Schon Legenden der alten Griechen sprechen von solchen Beobachtungen. Dort waren die Kirschbäume heilig und wurden der Göttin Artemis geweiht. Sie steht als Ausdruck für Geburt und Freude – wie der Kirschbaum, dessen köstlich süße Früchte uns bis heute Lebensfreude ins Gesicht zaubern.

Erkennungsmerkmale
Die Rinde junger Zweige ist anfangs grün, kahl, glatt, lederartig, glänzend und später rötlichgrau gefärbt. Es sind Querstreifen erkennbar. Die schwärzliche Borke löst sich waagrecht langsam ab. Die Blätter sind verkehrt eiförmig-elliptisch bis elliptisch-eiförmig und am oberen Ende mehr oder weniger lang zugespitzt. Ihr Rand ist unregelmäßig grob gesägt. Die rotschwarzen Früchte schmecken wie frische Kirschen vom Markt, nur mit einer bitteren Note, und sie sind kleiner.

Essbare Teile
Im Juni und Juli verwöhnen die Früchte beim Naschen als Snack, in Marmeladen, Kuchen oder Säften. Die Kirschkerne können geröstet als Kaffeeersatz dienen.

Standort
Die Vogelkirsche wächst in Laubwäldern sowie in Nadelmischwäldern gemeinsam mit Eichen, Buchen, Ahorn, Linden, Erlen und Ulmen. Auch in Parkanlagen und Gärten fühlt sich die Vogelkirsche wohl.

Wirkstoffe
Die Früchte der Vogelkirsche enthalten eine Fülle von Vitaminen und Mineralstoffen: Kalium, Kalzium, Eisen, Magnesium, Phosphor und Kieselsäure. Zu den Vitaminen der Vogelkirsche zählen Provitamin A, Vitamin C, B_2 und B_5. Hinzu kommen Gerbstoffe, ätherische Öle, Harz, Pektin, Zucker und Phytoenzyme, die beim Menschen bioaktiv wirken.

Gesundheitsfördernde Wirkung
Tee aus den Blättern der Pflanze entwässert, bremst Infektionen der Harnwege und löst zäh sitzenden Schleim. Deshalb eignet er sich als Mittel gegen Erkrankungen der Atemwege und gegen feuchten Husten. Außerdem wird die Vogelkirsche unter anderem eingesetzt bei Muskelschmerzen, Blasenleiden, Entzündungen der Atemwege (Stiele), Magenbeschwerden, rheumatischen Beschwerden (Kirschkernkissen) sowie zur Versorgung mit Vitaminen, Regulierung des Blutzuckerspiegels und Vorbeugung von Herz-Kreislauf-Erkrankungen.

Planetarische Zugehörigkeit

Mondpflanzen wie die Vogelkirsche aktivieren das Unbewusste und die Fähigkeit zur Reflexion. Bei Schlafstörungen und um die Zugänge zum Unbewussten zu öffnen, ist sie wie ein Zauberinstrument zu den Pforten unserer inneren Stimme.

REZEPTE

Gewöhnlicher Natternkopf und Gemeine Schafgarbe am Wegesrand

WILDBEERENKÜCHLEIN MIT SCHLAGSAHNE

Ein Traumerlebnis aus dem kulinarischen Schlaraffenland Wildnis.

Für 4 Personen | Zubereitungszeit: 20 Minuten plus Kühlzeit

Für die Törtchenböden
4 TL Butter
8 Shortbreads (schottische süße Mürbeteigkekse)

Für den Belag
4 Handvoll Wildbeeren (z. B. Schlehenfrüchte, Weißdornbeeren, Kratz-, Him-, Brom- oder Heidelbeeren)
1 Pck. roter Tortenguss (12 g)
300 g Sahne

Außerdem
4 Dessertringe

Für die Törtchenböden die Butter in einem Topf schmelzen. Die Kekse zerkleinern (am besten im Mixer) und mit der Butter zu einem kompakten Teig verkneten. Die Dessertringe auf ein mit Backpapier belegtes Tablett stellen. Die Teigmasse gleichmäßig auf die Dessertringe verteilen und am Boden festdrücken.

Die Törtchenböden mit den Wildbeeren belegen. Den Tortenguss nach Packungsangabe zubereiten und über die Wildbeeren gießen. Kühlen, bis der Guss fest geworden ist.

Die Törtchen mit einem Messer aus den Dessertringen lösen. Die Sahne schlagen und zu den Törtchen servieren.

BROMBEEREIS-BOWL MIT SELBST GEMACHTEM GRANOLA

Ein Genusserlebnis, das uns mit dem Zauber wilder Beeren verwöhnt.

Für 4 Personen | Zubereitungszeit: 10 Minuten
Backzeit: 20 Minuten | Tiefkühlzeit: 2 Stunden

Für das Granola
150 g (Nuss-)Kerne nach Geschmack (z. B. Walnuss-, Haselnuss-, Macadamia-, Mandel-, Kürbis-, Sonnenblumenkerne)
300 g kernige Haferflocken
½ TL gemahlener Zimt
100 g Kokosöl
100 ml Ahornsirup (alternativ flüssiger Honig)

Außerdem
500 g Vanilleeis
300 g wilde Brombeeren (*Rubus fruticosus*)

Für das Granola die (Nuss-)Kerne grob hacken und mit den Haferflocken sowie dem Zimt in einer Schüssel vermischen. Das Kokosöl schmelzen und zusammen mit dem Ahornsirup mit den trockenen Zutaten in der Schüssel vermengen.

Die Masse auf einem mit Backpapier ausgelegten Blech flach verteilen und im vorgeheizten Backofen bei 160 °C Umluft (180 °C Ober-/Unterhitze) in etwa 20 Minuten goldbraun backen. Abschließend vollständig abkühlen lassen.

Das Vanilleeis bei Zimmertemperatur in etwa 90 Minuten weich werden lassen. Danach die Brombeeren unterheben und die Eismischung 2 Stunden tiefkühlen.

Das Brombeereis auf vier Schalen verteilen und mit Granola toppen.

WALDHIMBEERKÜCHLEIN

Die rote Himmelsbeere speichert die Energie der Sonne.

Für 4 Personen | Zubereitungszeit: 15 Minuten | Backzeit: 10–15 Minuten

Für den Biskuitteig
4 Eier
90 g Zucker
2 Pck. Vanillezucker
100 g Weizenmehl Type 405
1 TL Backpulver

Außerdem
Fett für die Formen
500 g Wilde Himbeeren (*Rubus idaeus*)
1 Pck. roten Tortenguss (12 g)
400 g Sahne

Für den Biskuitteig die Eier trennen und das Eiweiß zu steifem Schnee schlagen. Den Zucker und Vanillezucker unterrühren. Das Eigelb untermischen. Zuletzt das Mehl und das Backpulver unterziehen.

8 kleine Tortenbodenformen (ca. 10 cm Durchmesser) fetten. Jeweils etwa 3 EL von dem Biskuitteig einfüllen und die Tortenböden im vorgeheizten Backofen bei 170 °C Ober-/Unterhitze 10–15 Minuten backen. Anschließend aus dem Backofen nehmen und abkühlen lassen.

Danach die Himbeeren auf den Tortenböden verteilen. Den Tortenguss nach Packungsangabe anrühren, auf die Törtchen geben und abkühlen lassen.

Zuletzt die Sahne steif schlagen und zu den Törtchen servieren.

TIPP
Den Tortenguss mit Himbeersaft anrühren.

KIEFERNZAPFENSIRUP

Delikatesse mit einem mehrere Millionen Jahre alten Urcode.

Für ca. 750 ml | Zubereitungszeit: 3 Stunden 45 Minuten | Ruhezeit: 2–3 Tage

2 Handvoll grüne Kiefernzapfen (*Pinus sylvestris*)
2 unbehandelte Zitronen
10 g Zitronensäure
1 kg Zucker

Die Kiefernzapfen waschen und klein schneiden. Vorsicht mit den Küchenutensilien, die Zapfen geben Harz ab! Die Zitronen waschen und in Scheiben schneiden.

Die Kiefernzapfen und die Zitronenscheiben in einen alten Topf (alt, weil oftmals Harz kleben bleibt, was aber mit etwas Salatöl wieder entfernt werden kann) geben und mit 1 l Wasser aufgießen. Den Topfinhalt aufkochen und etwa 30 Minuten köcheln lassen. Anschließend auf der ausgeschalteten Herdplatte abkühlen lassen.

Dann die Zitronensäure in die abgekühlte Flüssigkeit einrühren. Die Mischung an einem kühlen, dunklen Ort abgedeckt 2–3 Tage ziehen lassen, dabei in dieser Zeit täglich umrühren.

Nach der Ziehzeit die Flüssigkeit durch ein Sieb in einen Topf abseihen. Den Zucker hinzufügen und alles ohne Deckel 3 Stunden leise köcheln lassen. Zuletzt den Sirup in vorbereitete, sterilisierte Flaschen füllen. Die ausgekochten Zapfen entsorgen.

TIPP

Der Sirup passt perfekt zu einer Tasse Tee oder heißer Schokolade, zu erfrischenden Getränken und zu Eis, als feine exotische Note optimal zu Saucen, Salaten, herzhaften Gerichten, Pfannkuchen und Käseplatten. Und er ist vortrefflich als verführerische Zutat zu Cocktails.

LINDENBLÜTENSIRUP

Der Liebestrunk der Elfen.

Für ca. 750 ml | Zubereitungszeit: 15 Minuten | Ruhezeit: 5 Tage

1 kg Zucker
1 unbehandelte Zitrone
20 g Zitronensäure
3 Handvoll Lindenblüten
(*Tilia platyphyllos, Tilia cordata*)

Den Zucker mit 1 l Wasser in einen Topf geben. Unter Rühren aufkochen und 5 Minuten köcheln lassen.

Inzwischen die Zitrone waschen und in dünne Scheiben schneiden. Diese zusammen mit der Zitronensäure und den Lindenblüten in einen zweiten Topf geben. Das heiße Zuckerwasser über die Blüten gießen, alles ohne Deckel abkühlen und über Nacht stehen lassen

Am nächsten Morgen den Topf mit einem Deckel abdecken. 4 Tage im Kühlschrank ziehen lassen, dabei in dieser Zeit mehrmals vorsichtig umrühren.

Dann den Sirup durch ein Sieb in einen Topf abseihen und einmal sprudelnd aufkochen. Anschließend noch sehr heiß in vorbereitete, sterilisierte Flaschen füllen. Diese verschließen und mit dem Flaschenhals nach unten (dadurch werden die Bakterien an der Flaschenöffnung zerstört und der Sirup ist lange haltbar) in einen Korb stellen und 10 Minuten abkühlen lassen.

Danach die Flaschen wieder umdrehen und den Sirup vollständig abkühlen lassen.

TIPP
Alternativ kann der Sirup auch mit Mädesüßblüten, Holunderblüten oder Schafgarbenblüten hergestellt werden.

HOLUNDERSAFT

Ein schwarzer Beerentrunk, der die Energie der Sommersonne speichert.

Menge je nach gewählter Topfgröße
Zubereitungszeit: 45 Minuten

½ Topf Dolden Holunderbeeren (*Sambucus nigra*)
50–100 g Zucker pro Liter Flüssigkeit (Menge je nach Geschmack)

Einen Topf zur Hälfte mit den Holunderbeerendolden füllen. Den Topf bis 2 cm unter dem Rand mit Wasser aufgießen. Das Wasser aufkochen und die Dolden 30 Minuten köcheln lassen. Danach die Flüssigkeit abseihen und mit 50–100 g Zucker pro Liter süßen, je nach gewünschtem Süßegrad.
Den Holundersaft wieder in einen Topf geben und erneut 5 Minuten kochen lassen. Anschließend noch sehr heiß in vorbereitete, sterilisierte Flaschen füllen. Diese verschließen und mit dem Flaschenhals nach unten (dadurch werden die Bakterien an der Flaschenöffnung zerstört und der Saft ist lange haltbar) in einen Korb stellen und abkühlen lassen.

SCHAFGARBEN-KRÄUTER-LIMONADE

Erfrischung aus dem Paradies der Kräutervielfalt.

Für 2 Personen, Zubereitungszeit: 5 Minuten, Ruhezeit: über Nacht

1 unbehandelte Zitrone
2 EL Schafgarbensirup (siehe Rezept »Lindenblütensirup« Seite 118) plus etwas mehr nach Bedarf
1 l Quellwasser (alternativ Sprudelwasser) plus etwas mehr nach Bedarf
1 Handvoll verschiedene Wildkräuter und Wildkräuterblüten (z. B. Brennnesselblätter, Giersch, Mädesüßblüten, Rossminze, Gundermann, Schafgarbenblüten)
1 Handvoll Wildbeeren (z. B. Schlehenfrüchte, Weißdorn-, Him- oder Heidelbeeren)
5 große Rispen rote Johannisbeeren

Die Zitrone waschen und in Scheiben schneiden. Die Scheiben, den Sirup, das Wasser, die Wildkräuter, die Wildbeeren und die Johannisbeeren in eine Glaskaraffe oder Glasbowle füllen und über Nacht ziehen lassen.
Am nächsten Tag die Limonade bei Bedarf mit weiterem Quellwasser oder etwas mehr Sirup abschmecken. Zum Servieren in mit Eiswürfeln gefüllte Gläser abseihen.

JOGHURTCREME MIT HIMBEEREN

Himmelsbeeren, die die Inspiration wecken.

Für 4 Personen
Zubereitungszeit: 15 Minuten

500 g Naturjoghurt
Mark von 1 Vanilleschote
flüssiger Honig (alternativ Ahornsirup) zum Süßen nach Geschmack
2 Becher Sahne (à ca. 200 g)
400 g Wilde Himbeeren (*Rubus idaeus*)

Den Joghurt mit dem Vanillemark und Honig verrühren. Die Sahne steif schlagen und unter die Joghurtmasse ziehen. Zuletzt 300 g Himbeeren unterheben.
Die Joghurtcreme auf Dessertschalen verteilen und mit den restlichen Himbeeren garnieren.

ROSENBLÜTEN-SEMIFREDDO

Schon in der Antike entzückten Rosenblüten jede Tafel.

Für 4 Personen, Zubereitungszeit: 40 Minuten, Tiefkühlzeit: mind. 3 Stunden

50 g weiße Schokolade
200 g Sahne
2 Eier
60 g Zucker
1,5 TL Rosenwasser
20 g Blütenblätter der Hundsrose (*Rosa canina*)
Wildbeeren (z. B. Brom-, Himbeeren Sanddorn, Schlehen, Weißdornbeeren) zum Garnieren

Die Schokolade über einem Wasserbad schmelzen lassen. Inzwischen die Sahne steif schlagen und die Eier mit dem Zucker schaumig rühren. Die Sahne unter die Zucker-Ei-Mischung ziehen. Das Rosenwasser vorsichtig unterrühren. Anschließend die Schokolade unterheben.
Die Rosenblütenblätter in schmale Streifen schneiden und unter die Mischung ziehen. Die Semifreddo-Masse dann in eine Glasschale füllen und abgedeckt mindestens 3 Stunden tiefkühlen.
Anschließend zum Servieren mit Wildbeeren garnieren.

EIERCREME MIT SPRINGKRAUTBLÜTEN

Süße Köstlichkeit aus einer bunten Bienenwiese.

Für 4 Personen | Zubereitungszeit: 30 Minuten

4 Eigelb
2 EL Zucker
2 EL Speisestärke
125 ml Milch
250 g Sahne
¼ TL gemahlene Vanille
250 g Mascarpone
2 Handvoll Wildfrüchte der Saison (Him-, Brom-, Heidel-, Walderdbeeren, Schlehenfrüchte oder Kornelkirschen)
1 Handvoll Blüten vom Drüsigen Springkraut (*Impatiens glandulifera*), optional

Das Eigelb, den Zucker und die Stärke in der Küchenmaschine zu einer dicken, hellen Masse aufschlagen. Die Milch und 125 g Sahne in einem Topf bis kurz unter dem Siedepunkt erhitzen. Dann nach und nach unter die Eigelbmasse rühren.

Die Mischung in einem Topf bei niedriger Temperatur erhitzen, bis ein eingetauchter Löffel beim Herausziehen mit der Mischung überzogen ist. Dann vom Herd nehmen und die Vanille unterrühren. Die cremige Masse abkühlen lassen.

Die restliche Sahne steif schlagen, bis sich weiche Spitzen bilden. Anschließend zusammen mit dem Mascarpone vorsichtig unter die Masse ziehen. Die fertige Creme bis zum Servieren kühl stellen.

Mit den Früchten und nach Belieben mit Springkrautblüten garniert anrichten.

NACHTKERZENBLÜTEN MIT SÜSSEM HIRSEBREI

Gelbe Blüten von ihrer köstlichsten Seite.

Für 3–4 Personen | Zubereitungszeit: 35 Minuten

150 g Hirse
50 g Rosinen
50 g blanchierte Mandelkerne
50 g geschälte Pistazienkerne
2 Handvoll Blüten der Gewöhnlichen Nachtkerze (*Oenothera biennis*)
1 Handvoll weiße Weintrauben
4 EL flüssiger Honig
1 Becher Naturjoghurt (500 g)
1 Prise Salz
Mark von 1 Vanillestange
1 Handvoll essbare Blüten von Wildkräutern oder Wiesenblumen (z. B. Nachtkerze, Natternkopf, Schafgarbe)

Die Hirse in einem Topf mit Wasser bedecken. Die Rosinen, Mandeln und Pistazien hinzufügen. Die Mischung aufkochen und bei hoher Temperatur 5 Minuten kochen lassen. Danach bei niedriger Temperatur weitere 20 Minuten köcheln lassen.

Die Nachtkerzenblüten zerkleinern und in eine Schüssel geben. Die Weintrauben halbieren und zusammen mit dem Honig, dem Joghurt, dem Salz und dem Vanillemark zu den Nachtkerzenblüten geben. Die Zutaten gut vermischen. Zuletzt die Hirse untermengen.

Den Hirsebrei in vier Schalen füllen. Mit den Blüten garnieren.

TIPP

Für blanchierte Mandeln die Kerne mit Haut mit kochendem Wasser übergießen und 15 Minuten ziehen lassen. Anschließend enthäuten.

WIESENSALBEI MIT SPAGHETTI

Das würzige Aroma des Salbeis entführt
in die Welt des Genießens.

Für 4 Personen | Zubereitungszeit: 25 Minuten

500 g Spaghetti
Salz
100 g Butter
2 Handvoll Blätter vom Wiesensalbei (*Salvia pratensis*)
2 Zehen Knoblauch
frisch gemahlener schwarzer Pfeffer
Meersalz
100 g Parmesan am Stück
1 Handvoll Blüten vom Wiesensalbei (*Salvia pratensis*)

Die Spaghetti nach Packungsangabe in reichlich Salzwasser al dente kochen.

In der Zwischenzeit die Butter in einer großen Pfanne schmelzen. Die Salbeiblätter hinzufügen und bei niedriger Temperatur (damit die Butter nicht braun wird) etwa 5 Minuten leicht braten.

Danach den Knoblauch abziehen und pressen oder fein reiben. Zu den Salbeiblättern in die Pfanne geben und etwa 30 Sekunden mit anschwitzen.

Die Nudeln abgießen und in die Pfanne zur Salbeibutter geben. Mit Pfeffer und Meersalz würzen.

Die Spaghetti auf vier Teller verteilen und den Parmesan darüberreiben. Mit den Salbeiblüten garnieren und sofort servieren.

TIPP
Für mehr Cremigkeit 1 EL Crème fraîche zur Salbeibutter geben.

RISOTTO MIT BUNTEN WIESENBLÜTEN

Bunte Blüten verwandeln jeden Bissen in einen himmlischen Genuss.

Für 4 Personen | Zubereitungszeit: 50 Minuten

2 Zwiebeln
2 Zehen Knoblauch
2 EL Olivenöl
400 g Risottoreis
1,5 l Gemüsebrühe
150 ml trockener Weißwein
3 Handvoll verschiedene, bunte essbare Blüten von Wildkräutern und Wiesenblumen (z. B. Indisches Springkraut, Kleine Braunelle, Hundsrose, Mädesüß, Löwenzahn, Wiesensalbei, Nachtkerze)
200 g Parmesan am Stück
Salz
frisch gemahlener schwarzer Pfeffer

Die Zwiebeln sowie den Knoblauch abziehen und klein hacken. Das Olivenöl in einem großen Topf erhitzen. Die Zwiebeln und den Knoblauch darin 4 Minuten anschwitzen. Dann den Reis dazugeben und etwa 1 Minute glasig anschwitzen. Inzwischen die Gemüsebrühe aufkochen.

Den Reis mit dem Weißwein ablöschen und diesen unter ständigem Rühren einkochen lassen. Das Risotto sollte dabei nur leise köcheln, also nicht bei hoher Temperatur kochen, sonst werden die Graupen außen zu schnell gar.

Wenn der Wein verkocht ist, 1 Kelle heiße Brühe zugießen und unter gelegentlichem Rühren vom Reis aufnehmen lassen. So 15–20 Minuten weiter verfahren, bis eine cremige Konsistenz erreicht und das Risotto al dente ist.

Währenddessen die Blüten der Wiesenblumen klein hacken und den Parmesan hobeln oder grob reiben.

Das al dente gekochte Risotto vom Herd nehmen und mit Salz sowie Pfeffer würzen. Dann zunächst den Parmesan kräftig unterrühren, anschließend 2 Handvoll der Blüten vorsichtig unterheben. Den Topf abdecken und das Risotto 2–3 Minuten ziehen lassen.

Danach das Risotto nochmals kurz umrühren und auf Teller verteilen. Mit den restlichen Blüten garnieren und sofort servieren.

TIPP
Statt Risottoreis können auch Perlgraupen verwendet werden.

SANDDORNSAFT

Die Zitrone des Nordens betört mit ihrem unverwechselbaren Aroma und ihrer sichtbaren Urkraft.

Menge je nach gewählter Topfgröße | Zubereitungszeit: 60 Minuten

½ Topf Sanddornfrüchte an den Zweigen (*Hippophae rhamnoides*; Früchte nicht vom Zweig lösen)
50–100 g Zucker pro Liter Flüssigkeit (Menge je nach Geschmack)

Die Hälfte eines Topfes mit Sanddornzweigen (Früchte am Zweig lassen) füllen und diesen bis 1 cm unter dem Rand mit Wasser aufgießen. Das Wasser aufkochen und den Sanddorn 30 Minuten köcheln lassen.

Danach mit Küchenhandschuhen die Früchte von den weich gekochten Zweigen (Dornen sind jetzt auch ganz weich) im Wasser des Topfes abstreifen. Alle Zweige entfernen und die restliche Frucht-Sud-Mischung im Topf mit einem Stabmixer glatt pürieren. Anschließend durch ein Sieb passieren.

Die aufgefangene Flüssigkeit in einem Topf mit Zucker verrühren, erneut aufkochen und 5 Minuten köcheln lassen.

Anschließend den Saft noch sehr heiß in vorbereitete, sterilisierte Flaschen füllen. Diese verschließen und mit dem Flaschenhals nach unten (dadurch werden die Bakterien an der Flaschenöffnung zerstört und der Saft ist lange haltbar) in einen Korb stellen und 30 Minuten abkühlen lassen.

Danach die Flaschen wieder umdrehen und den Saft abkühlen lassen. Er ist mehrere Jahre haltbar.

SANDDORN-JOGHURT-MOUSSE

Die Lieblingsspeise der Zwerge.

Für 4 Personen | Zubereitungszeit: 30 Minuten | Ruhezeit: mind. 5 Stunden

4 Blatt Gelatine
150 g Sanddornkonfitüre (Rezept siehe Seite 137)
500 g griechischer Joghurt
200 g Sahne
1 Handvoll Sonnenblumenkerne
4 EL flüssiger Waldhonig
Abrieb von 1 unbehandelten Zitrone

Die Gelatine in kaltem Wasser aufweichen. Die Konfitüre erwärmen (nicht kochen). Die Gelatine ausdrücken und in der Konfitüre auflösen. 2 EL des Joghurts unter die Masse heben. Die angerührte Masse zügig mit einem Schneebesen mit dem restlichen Joghurt verquirlen. Die Mischung im Kühlschrank kalt stellen, bis sie leicht geliert.

Anschließend die Sahne steif schlagen und untermischen. Die Mousse abgedeckt mindestens 5 Stunden kalt stellen.

Danach von der Mousse mit einem in heißes Wasser getauchten Servierlöffel je 3 Nocken ausstechen und diese auf vier Schalen verteilen.

Die Sonnenblumenkerne in einer Pfanne ohne Fett leicht rösten. Dann mit dem Honig vermengen. Die Nocken mit der Mischung garnieren, mit dem Zitronenabrieb bestreuen und servieren.

SCHAFGARBENSIRUP-PUDDING

Eine zarte Cremespeise für pure Sinnesfreuden.

Für 4 Personen | Zubereitungszeit: 25 Minuten | Abkühlen: 60 Minuten

60 g Zucker
1 Eigelb
40 g Speisestärke
500 ml Milch
1 Vanilleschote
1 Prise Salz
2 EL Schafgarbensirup (siehe Rezept »Lindenblütensirup« Seite 118)
1 Becher Sahne (ca. 200 g)
Wildbeeren (z. B. Schlehenfrüchte, Weißdornbeeren, Brom-, Kratz-, Himbeeren) nach Belieben zum Garnieren

Den Zucker, das Eigelb, die Stärke und 3 EL Milch glatt rühren.

Die restliche Milch in einem Topf zum Kochen bringen. Die Vanilleschote längs aufschneiden und das Mark mit der stumpfen Rückseite eines Messers auskratzen. Das Mark und die ausgekratzte Schote zur Milch geben. Den Topf mit der kochenden Milch vom Herd nehmen und unter Rühren die Stärkemischung zugießen. Dann Salz hinzufügen. Die Milchmasse wieder auf die Herdplatte stellen und bei niedriger Temperatur unter Rühren 1 Minute köcheln lassen. Anschließend vom Herd nehmen und die eingedickte Milchmasse unter Rühren abkühlen lassen.

Die Vanilleschote aus der Masse entfernen. Den Schafgarbensirup unterrühren. Die Sahne steif schlagen und unterheben.

Den Pudding in eine Schüssel umfüllen. Nach Belieben mit Wildbeeren garnieren und servieren.

TIPP

Den heißen Pudding in einen kalten Topf füllen, in ein kaltes Wasserbad stellen und dort unter Rühren erkalten lassen. So kühlt der Pudding schneller ab.

BLÜTEN-KNOBLAUCH-BUTTER

Sonniges Gemüt durch reiche Farbenpracht.

Für ca. 300 g
Zubereitungszeit: 10 Minuten

Für die Butter

2 Handvoll essbare Blüten von Wildkräutern und Wiesenblumen
1 Zehe Knoblauch
1 Prise Salz
250 g zimmerwarme weiche Butter

Außerdem

Brot, Pumpernickeltaler, Baguette oder Cracker zum Servieren

Größere Blüten mit einem Messer klein schneiden, kleinere Blüten komplett verwenden. Den Knoblauch abziehen und pressen oder fein reiben. Blüten, Knoblauch und Salz mit der Butter gründlich vermengen. Mit Brot, Pumpernickeltalern, Baguette oder Crackern servieren.

TIPP

Die Blüten können auch durch Wildkräuter oder eine Mischung aus Wildkräutern und essbaren Blüten ersetzt werden.

WIESEN-STORCHSCHNABEL-CRACKER

Mit diesen farbenfroh geschmückten Crackern naschen Sie Lebensfreude.

Für 4 Personen
Zubereitungszeit: 15 Minuten

Für den Belag

1 Zehe Knoblauch
150 Speisequark (40 % Fett i. Tr.)
4 EL sehr fein gehackte Blätter vom Wiesen-Storchschnabel (*Geranium pratense*)
Kräutersalz

Außerdem

Salzcracker zum Servieren
2 Handvoll Blüten vom Wiesen-Storchschnabel (*Geranium pratense*)

Für den Belag den Knoblauch abziehen und pressen. Den Quark, die Storchschnabelblätter und den Knoblauch in einer Schüssel gut vermischen. Die Quarkmischung mit Kräutersalz abschmecken.

Die Quarkmischung auf den Crackern verteilen und mit den Blüten garniert servieren.

SANDDORN-KONFITÜRE

Ein Zauberwerk der Natur, das jeden Gaumen verwöhnt.

Für ca. 2 Gläser à 250 g
Zubereitungszeit: 30 Minuten

500 g Sanddornbeeren (*Hippophae rhamnoides*; Zweige ernten und die Beeren mit einem Küchenmesser abstreifen)
250 g Gelierzucker 2:1

Die Sanddornbeeren (ohne Zweige) mit 200 ml Wasser in einen Topf geben und aufkochen. Die Früchte köcheln lassen, bis sie aufplatzen.
Danach die Mischung mit einem Stabmixer pürieren. Das entstandene Mus mit dem Gelierzucker vermischen und unter Rühren etwa 4 Minuten köcheln lassen.
Die Konfitüre in vorbereite, sterilisierte kleine Schraubgläser füllen und luftdicht verschließen.

WILDKIRSCH-KONFITÜRE

Das Naschwerk für starke Lebenskraft.

Für 2 Gläser à 250 g
Zubereitungszeit: 45 Minuten

500 g entsteinte Vogelkirschen (*Prunus avium*)
Saft von ½ Zitrone
1 Pck. Vanillezucker
250 g Gelierzucker 2:1

Die Kirschen in einen Topf geben. Den Zitronensaft und den Vanillezucker hinzufügen und die Kirschen mit einem Stabmixer leicht pürieren. Den Gelierzucker dazugeben. Die Mischung zunächst unter ständigem Rühren aufkochen lassen. Dann bei niedriger Temperatur etwa 3–5 Minuten weiter köcheln lassen, dabei öfter umrühren. Anschließend die Konfitüre in vorbereitete, sterilisierte Schraubgläser füllen. Die Gläser sofort verschließen, umdrehen und auf dem Deckel stehend langsam abkühlen lassen.

TIPP

Vanillezucker kann man auch selbst machen: etwas Mark aus einer Vanilleschote auskratzen und mit Zucker mischen.

OBSTSALAT MIT MÄDESÜSSSAHNE

Die Königin der Aromen in ihrer besten Entfaltung.

Für 4 Personen | Zubereitungszeit: 20 Minuten | Ruhezeit: über Nacht

Für die Mädesüßsahne
1 Handvoll Blüten vom Echten Mädesüß (*Filipendula ulmaria*)
400 g Sahne

Für den Obstsalat
½ frische Ananas
2 Bananen
250 g rote und weiße Trauben
1 Handvoll Walnuss- oder Haselnusskerne
Saft von 1 Zitrone

Für die Mädesüßsahne die Blüten in eine Schüssel geben und mit der Sahne mischen. Abgedeckt über Nacht im Kühlschrank ziehen lassen. Am nächsten Tag die Sahne abseihen und steif schlagen.

Für den Obstsalat das Fruchtfleisch der Ananas von der Schale befreien und würfeln. Die Bananen schälen und in Scheiben schneiden. Die Ananaswürfel und die Bananenscheiben mit den Trauben und Nusskernen in einer Schüssel vermengen. Sofort mit dem Zitronensaft mischen.

Den Obstsalat gleichmäßig auf Schälchen verteilen und mit der Mädesüßsahne toppen. Sofort servieren.

GEFÜLLTE PAPRIKA MIT GILBWEIDERICH

Sonnendurchflutete Blütenblätter verleihen jeder Speise einen Hauch von göttlicher Nahrung.

Für 4 Personen | Zubereitungszeit: 25 Minuten

2 Paprikaschoten
1 Zwiebel
2 Zehen Knoblauch
1 Handvoll Blätter vom Gewöhnlichen Gilbweiderich (*Lysimachia vulgaris*)
2 Handvoll Blüten vom Gewöhnlichen Gilbweiderich (*Lysimachia vulgaris*)
400 g Quark
2 Eier
frisch gemahlener schwarzer Pfeffer
Ursalz

Die Paprikaschoten halbieren und vom Stielansatz sowie dem Kerngehäuse befreien. Die Zwiebel und den Knoblauch abziehen. Beides zusammen mit den Gilbweiderichblättern klein hacken. Dann in eine Schüssel geben. Die Mischung mit 1 Handvoll Gilbweiderichblüten und dem Quark vermengen.

Die Eier hart kochen, anschließend pellen, in Scheiben schneiden und untermischen. Die Masse mit Pfeffer und Ursalz abschmecken und gleichmäßig in die Paprikahälften füllen.

Die gefüllten Paprika mit den übrigen Blüten verzieren und sofort servieren.

GILBWEIDERICH-MAULTASCHEN

Der Zauber der sonnengelben Blüten sorgt für kosmische Lebensenergie in jedem Bissen.

Für 4 Personen | Zubereitungszeit: 60 Minuten | Ruhezeit: 30 Minuten

Für den Teig
220 g Weizenmehl Type 405
3 Eier (Größe M)
¼ TL Salz
1 EL Sonnenblumenöl

Für die Füllung
2 Weizenbrötchen vom Vortag
100 ml lauwarme Milch
250 g Blätter vom Gewöhnlichen Gilbweiderich (*Lysimachia vulgaris*; alternativ Löwenzahn- oder Brennnesselblätter oder eine Mischung davon)
1 Bund glatte Petersilie
3 mittelgroße Zwiebeln
50 g Butter
1 Zehe Knoblauch
1–2 EL Crème fraîche
Salz
frisch gemahlener schwarzer Pfeffer

Außerdem
1 Eiweiß
1 l Gemüsebrühe
3 Zwiebeln (100 g)
150 g Butter
2 Handvoll Blüten vom Gewöhnlichen Gilbweiderich (*Lysimachia vulgaris*)

Für den Teig alle Zutaten in eine Schüssel geben und zu einem festen, glatten Teig verkneten. Diesen in Frischhaltefolie gewickelt 30 Minuten ruhen lassen.

Inzwischen für die Füllung die Brötchen in kleine Würfel schneiden und in der Milch einweichen. Die Wildkräuterblätter kurz in kochendes Wasser geben, dann sofort abgießen und kalt abschrecken. Die Blätter ausdrücken und fein hacken. Die Petersilie ebenfalls klein hacken. Die Zwiebeln abziehen und klein schneiden. Die Butter in einer kleinen Pfanne schmelzen und die Zwiebeln darin anschwitzen. Den Knoblauch abziehen und pressen.

Die eingeweichten Brötchen ausdrücken und mit den Wildkräuterblättern, dem Knoblauch, den Zwiebeln, der Petersilie sowie der Crème fraîche in einer Schüssel zu einer homogenen Masse vermengen. Zuletzt mit Salz und Pfeffer würzen.

Den Nudelteig sehr dünn zu einem etwa 70 cm × 30 cm großen Rechteck ausrollen. Die Kräuterfüllung auf zwei Drittel der Teigfläche streichen. Die freie Teigfläche mit dem Eiweiß einpinseln. Den Teig zu einem etwa 6–7 cm breiten Streifen einrollen, mit der Teigfläche abschließen, die mit dem Eiweiß eingepinselt ist. Die Teigrolle jeweils im Abstand von 5–6 cm mit einem Kochlöffelstiel eindrücken. Inzwischen die Gemüsebrühe erhitzen.

Die Maultaschen an den eingedrückten Stellen mit einem Teigrad voneinander trennen und in der simmernden Gemüsebrühe in 12–15 Minuten gar ziehen lassen.

In der Zwischenzeit die übrigen Zwiebeln abziehen und würfeln. 50 g Butter in einer Pfanne schmelzen und die Zwiebeln darin anrösten. Die übrige Butter (100 g) in einem Topf bei niedriger Temperatur schmelzen.

Die fertig gegarten Maultaschen aus der Brühe nehmen, auf tiefe Tellern verteilen und mit der flüssigen Butter übergießen. Mit den Röstzwiebeln und den Blüten toppen und sofort servieren.

WILDE HEFE MIT ROSENBLÜTEN

Selbst angesetztes Hefewasser verleiht der Seele Flügel.

Für ca. 1 l | Zubereitungszeit: 15 Minuten | Ruhezeit: 5–7 Tage

- 7 essbare Blütenköpfe von der Hundsrose (*Rosa canina*)
- Quellwasser zum Auffüllen von 1-l-Schraubglas
- 3 TL Zucker plus 1 TL mehr nach Bedarf

Die Rosenblütenköpfe von Verunreinigungen befreien und in ein vorbereitetes, sterilisiertes 1-l-Schraubglas geben. Das Schraubglas bis 1 cm unter dem Rand mit Quellwasser füllen. Den Zucker hinzufügen und den Deckel des Glases fest verschließen.

Das Glas fest verschlossen in warmer Umgebung stehen lassen, dabei zum Vermischen der Flüssigkeit das Glas mehrmals am Tag leicht schütteln. Sobald die Farbe aus den Blüten tritt, den Deckel nur noch locker zuschrauben, damit entstehende Gase entweichen können. Zum Schütteln fest aufdrehen. Die Wildhefe ist fertig, sobald das Hefewasser sprudelt. In der Regel dauert der Vorgang 5–7 Tage. Sollte die Fermentierung ins Stocken kommen, einfach noch 1 TL Zucker mehr hinzufügen.

Bis zum Backvorgang das Hefewasser in den Kühlschrank stellen und das Glas nur leicht verschließen, damit das Gas austreten kann.

Die wilde Hefe kann als Triebmittel zum Backen verwendet werden (siehe z. B. Rezept Seite 146).

since
1926

SAMENBRÖTCHEN MIT WILDER HEFE

Gaumenschmaus mit der Kraft wilder Rosenhefe.

Für ca. 12 Stück | Zubereitungszeit: 35 Minuten
Ruhezeit: 50–70 Minuten | Backzeit: 20 Minuten

300 g wildes Hefewasser (siehe Rezept »Wilde Hefe mit Rosenblüten« Seite 144)
500 g Weizenmehl Type 550
1 Handvoll Samen vom Breitwegerich (*Plantago major*) oder von der Großen Brennnessel (*Urtica dioica*)
10 g Salz
10 g Backmalz

Das Hefewasser in eine Schüssel gießen. Das Weizenmehl, die Breitwegerich- oder Brennnesselsamen, das Salz und das Backmalz dazugeben. Die Zutaten in der Küchenmaschine in etwa 10 Minuten zu einem glatten, geschmeidigen Teig verkneten. Diesen abgedeckt 20–30 Minuten ruhen lassen.

Nach der Ruhezeit den Teig in Stücke à etwa 70 g aufteilen. Von jedem Stück nochmals etwa 10 g abteilen. Alle Teile zu Kugeln formen. In die großen Teigkugeln mit einem Messerrücken strahlenförmige Muster drücken und in der Mitte eine Mulde formen. Die kleinen Teigkugeln in die Mulden der großen Kugeln setzen.

Die Teiglinge auf einem mit Backpapier belegten Backblech verteilen, mit einem trockenen Tuch bedecken und 30–40 Minuten gehen lassen.

Anschließend mit Wasser besprühen und im vorgeheizten Backofen bei 210 °C Umluft (am besten mit viel Dampf; dafür mit Wasser schwaden, siehe Tipp) 20 Minuten backen.

TIPP
Zum Schwaden vor dem Aufheizen des Backofens ein tiefes Backblech auf einem Rost in den unteren Ofenbereich stellen. Nach dem Einschieben der Brötchen in den Ofen das Backblech mit etwa 70 ml Wasser begießen – oder noch besser mit ein paar Eiswürfeln füllen. Durch den Dampf verkrustet das Gebäck nicht so schnell. Das Ergebnis: ein softes Brötchen mit knusprig-dünner Kruste.

SCHWARZWÄLDER KIRSCHTÖRTCHEN

Eine Geschmacksexplosion in erlesenster Form.

Für 4 Personen | Zubereitungszeit: 90 Minuten
Backzeit: ca. 15 Minuten | Ruhezeit: 2 Stunden

Für den Biskuitteig
2 Eier
70 g Zucker
35 g Weizenmehl Type 405
⅓ TL Backpulver
10 g Speisestärke
15 g Kakao
35 g gemahlene Mandelkerne
1 EL Kirschsaft
2 EL Kirschwasser

Für den Belag
250 ml Kirschsaft
1 EL Speisestärke
500 g entsteinte Vogelkirschen (*Prunus avium*)
800 g Sahne
3 EL Puderzucker
2 EL Kirschwasser
30 g geraspelte Schokolade

Den Backofen auf 180 °C Ober-/Unterhitze vorheizen. Aus Alufolie acht so große Vierecke zurechtschneiden, dass sie als Boden für die Dessertringe passen. Jeden Ring in die Mitte eines Stücks Alufolie setzen und dieses an den Außenseiten der Ringe festdrücken.

Für den Biskuitteig die Eier trennen. Das Eigelb mit 1 EL warmem Wasser und der Hälfte des Zuckers zu einer schaumigen Masse rühren. Das Eiweiß steif schlagen und den restlichen Zucker löffelweise untermischen. Den Eischnee über die Eigelbcreme geben. Das Mehl mit dem Backpulver, der Speisestärke und dem Kakao über den Eischnee sieben. Zuletzt die Mandeln hinzufügen und alles vorsichtig vermengen.

Den Teig in die Formen füllen und glatt streichen. Die Tortenböden im vorgeheizten Backofen etwa 15 Minuten backen. Anschließend aus dem Backofen nehmen und abkühlen lassen. Inzwischen 1 EL Kirschsaft mit 2 EL Kirschwasser vermischen. Die abgekühlten Tortenböden mit dieser Mischung tränken.

Für den Belag den Kirschsaft mit der Speisestärke in einem Topf glatt rühren. Unter ständigem Rühren erhitzen und aufkochen. Die Sahne mit dem Puderzucker zunächst sehr steif schlagen, dann das Kirschwasser unterziehen.

Die Hälfte der Tortenböden mit der Hälfte des angedickten Kirschsafts und der Sahne bestreichen und mit Kirschen belegen. Die übrigen Tortenböden aufsetzen und mit dem übrigen angedickten Kirschsaft sowie der übrigen Sahne bedecken, dann mit Kirschen garnieren und mit Schokoraspeln bestreuen.

Außerdem
4 Dessertringe

Die Törtchen 2 Stunden im Kühlschrank ziehen lassen. Vor dem Servieren die Dessertringe entfernen.

TIPP
Man kann die Sahne mit Sahnesteif schlagen, dann bleibt sie länger fest. Für zusätzliches Verzieren mit einem Spritzbeutel Sahnerosetten auf die Törtchen setzen.

HERBST & WINTER

Weiße Nebelschleier versetzen die Menschen in eine mystisch anmutende Begeisterung. Sträucher können ihre fruchtbeladenen Zweige kaum tragen und in den ersten frostigen Nächten beginnt die frische Brunnenkresse an der Eisschicht der Bäche zu kratzen.

ECHTE BRUNNENKRESSE

Nasturtium officinale

Wunder der Lebenskraft unter Schnee und Eis

Dieser überbordende Vitaminspender diente schon den Neandertalern als schmackhafte Nahrung und wurde bis ins 20. Jahrhundert hinein auf den winterlichen Wochenmärkten der Städte als wohlschmeckender Salat feilgeboten. Seit der Antike bestätigt sich sein Ruf, eines der gesündesten Nahrungsmittel zu sein und den Wächter und Hüter unserer Gesundheit – das Immunsystem – zu stärken. Brunnenkresse ist scharf-würzig, vitaminreich und führt uns, gemischt mit anderen Pflanzen als Salat oder klein gehackt aufs Butterbrot, in ein neues geheimnisvolles Geschmacksreich.

Brunnenkresseblätter erscheinen als saftig grüne Zauberwesen voller vitaler Lebensenergie in einer scheinbar vegetationslosen, klirrend-kalten Winterwelt. Der Genuss von Brunnenkresse lässt Lebensfreude aufsteigen, ihre Zauberkraft und Magie wirkt heilsam auf das Gemüt und Wohlbefinden unseres Körpers. Dafür offene Menschen lässt sie die Seele spüren, die allem innewohnt, und so den Weg zurück zu natürlichen Spiritualität finden.

Erkennungsmerkmale

Die Pflanze besitzt niederliegende, 10 bis 90 Zentimeter lange Stängel. Die Blätter sind dunkelgrün und kahl. Die gefiederten Blätter sind rund bis elliptisch und die Endblättchen meist größer. Die weißen Blüten haben gelbe Staubbeutel und ihr Stängel ist hohl. Oft wird die Brunnenkresse mit dem essbaren bitteren Schaumkraut verwechselt, dessen Blüten Staubblätter mit violetten Staubbeuteln enthalten, und das keinen hohlen Stängel hat.

Essbare Teile

Blätter, Triebe und Blütenknospen zaubern einen unvergesslichen Geschmack auf Brote, in Salate, Suppen, Kräuterquark, Kräuterbutter, Quiche und Eierspeisen.

Standort

Brunnenkresse gedeiht an schattigen bis halbschattigen und relativ kühlen und sehr feuchten Standorten. Sie liebt Wassertiefen von 5 bis 20 Zentimetern.

Wirkstoffe

Vitamin A und C, B_1, B_2 und B_3, Selen, Schleimstoffe, Flavonioide (Rutin) Kieselsäure, Saponine, Eisen, Kalium, Kalzium, Magnesium.

Gesundheitsfördernde Wirkung

Brunnenkresse hilft bei Husten, Asthma und anderen Lungenerkrankungen sowie bei der Reinigung und Kräftigung des ganzen Organismus. Sie wirkt außerdem gegen Entzündungen, Verdauungsbeschwerden, Augenleiden, Rheuma und Blasenkrankheiten. Äußerlich wird sie bei Hautausschlägen, Verbrennungen und Schürfwunden angewendet: die Kresse zu einem Brei verarbeiten und auf die erkrankten Stellen reiben.

Planetarische Zugehörigkeit

Brunnenkresse markiert wie der Mond die Grenze zwischen dem irdischen Lebensbereich und dem astralischen (seelenhaften) Bereich. Da sie unter der Herrschaft des Mondes steht, benutzte Culpeper sie bei Ausschlägen und sonstigen Hauterkrankungen als Umschläge.

HASELNUSS

Corylus avellana

Kraftpaket aus der Natur

Die Hasel ist ein Symbol der Lebensfruchtbarkeit, der Weisheit, der Kraft, der Unsterblichkeit und der Wunscherfüllung. Haselzweige waren häufig Teil von heidnischen und christlichen Grabbeigaben. Durch die frühe Blüte ist die Hasel ein Zeichen für den Frühlingsbeginn. Sie wird daher gerne für Palmbesen und Osterdekorationen verwendet. Im antiken Rom war die Hasel ein Friedenssymbol. Diplomaten hatten als Zeichen ihrer guten Absichten bei Friedensverhandlungen einen Haselzweig in der Hand. Und bei den Germanen war die Hasel eine Zauberpflanze.

Ihr weit verbreiteter Volksname Hexenstrauch weist darauf hin, dass es viele magische Geschichten über diese Pflanze zu erzählen gibt. Haselzweigen wird etwa die Eigenschaft zugeschrieben, Kraftströme fließen zu lassen. Aus diesem Grund werden Haselruten auch als Wünschelruten verwendet. Der Strauch soll außerdem vor Blitzschlag schützen und störende Erd- und Wasserstrahlen ableiten.

Erkennungsmerkmale

Die Haselnuss wächst als kleiner Baum oder als Strauch und wird bis zu 6 Meter hoch. Sie trägt männliche und weibliche Blütenstände auf derselben Pflanze, ist also getrenntgeschlechtlich und wird vom Wind bestäubt. Die männlichen Blüten sind die 4 bis 8 Zentimeter langen hängenden Kätzchen. Die weibliche Blüte ist rot, klein und unscheinbar; sie gleicht einer Knospe, aus der rote »Narben« heraushängen. Die im September bis Oktober heranreifende hartschalige Nuss ist erst gelblich und verfärbt sich mit der Reife braun.

Essbare Teile

Im April lassen sich bereits wenige der bitteren Blätter zum Würzen von Salaten verwenden oder mit Käse sowie Butter auf Brot genießen. Ab September beginnt die reiche Nussernte. Diese schmackhaften Baumfrüchte schmecken köstlich in Kuchen oder Müsli. Als Snack zwischendurch beeindrucken sie mit ihrem unverwechselbaren Geschmack.

Standort

Die Haselnuss wächst bevorzugt an Waldrändern, bildet aber auch Hecken um landwirtschaftlich genutzte Flächen sowie in Parkanlagen.

Wirkstoffe

Die Nüsse bestehen zu etwa 12 Prozent aus Eiweiß. An Mineralien enthalten sie unter anderem Kalzium, Magnesium, Phosphor, Eisen und Zink. Vitamine der B-Gruppe kommen ebenfalls in den Nüssen vor. Im Vergleich zu anderen Nusssorten enthalten sie einen relativ hohen Vitamin-E-Anteil.

Gesundheitsfördernde Wirkung

Der Tagesbedarf an Vitamin B_7 wird bereits mit 73 g Haselnüssen abgedeckt. Das enthaltene Vitamin E hat eine antioxidative Wirkung, ist entzündungshemmend und unterstützt das Immunsystem. Ein Mangel kann zu Seh- oder Koordinationsstörungen sowie Erkrankungen des Nervensystems führen.

Planetarische Zugehörigkeit

Die Haselnuss verkörpert den Planeten Merkur. Mit seiner Kommunikationsgabe zwischen den Welten beherrscht dieser Götterbote den Transfer von Botschaften par excellence. So gelingt mit der Haselnuss, wie aus dem Märchen Aschenputtel bekannt, die Anbindung ans Jenseits. In Gegenwart dieses Baumes oder seiner Früchte soll der Austausch mit den Ahnen sehr leicht fallen.

KORNELKIRSCHE

Cornus mas

Die Vitamin-C-Königin
Schon in Pfahlbauten am Bodensee der Jungsteinzeit und Bronzezeit hat man Kerne der Kornelkirschen gefunden. Offenbar waren sie ein wichtiger Teil der damaligen Nahrung. Und Hildegard von Bingen hat ihr in ihrem medizinischen Werk *Physika* ein eigenes Kapitel gewidmet: »Die Kornelkirsche ist warm, und ihre Wärme ist mild, und sie hat süße Feuchtigkeit in sich ... die Frucht dieses Baumes schadet dem Menschen nicht, wenn man sie isst, aber sie reinigt und stärkt den kranken und auch den gesunden Magen, sie nützt dem Menschen für die Gesundheit.«

Kornelkirschen haben einen fruchtigen, süßsäuerlichen Geschmack, wenn sie zur Ernte bereit sind. Das heißt, man pflückt sie am besten Anfang September, wenn sie sich ganz leicht vom Zweig lösen lassen. Sie sind dann dunkelrot und schon sehr weich und saftig. Noch nicht ganz reife Früchte sind ziemlich sauer und weniger aromatisch. Aber auch in diesem Zustand kann man sie verwerten: Als Olivenersatz werden sie zuerst in Salzwasser und dann zusammen mit Kräutern in Olivenöl eingelegt. Außerdem können die nach Vanille duftenden Kerne geröstet und als Kaffee-Ersatz eingesetzt werden.

Erkennungsmerkmale
Ende Februar bis April leuchten die zart gelben Blüten der Kornelkirsche in der warmen Frühlingssonne. Die Blätter des Baums sind sommergrün und eiförmig bis elliptisch geformt. Der Blattrand ist oft wellig. Das Laub ist oberseits glänzend grün, die untere Seite meist etwas heller. Die tiefroten, länglichen Früchte schmecken süßsauer.

Essbare Teile
Schon im Februar locken die leuchtend gelben Blüten, um unsere Speisen mit ihrer geballten Sonnenkraft zu verfeinern. Im September ergeben die tiefroten Kirschen unvergesslich schmackhafte Marmeladen und Säfte.

Standort
Die Kornelkirsche fühlt sich in Hecken als Flurbegrenzung landwirtschaftlicher Flächen, weiter Felder und Wiesen sowie am Waldrand wohl. Ebenso steht sie in vielen Gärten und Parkanlagen als Zierstrauch.

Wirkstoffe
Verschiedene Zucker, Gerbstoffe, B-Vitamine, Vitamin C und E, Flavonoide (Rutin).

Gesundheitsfördernde Wirkung
Abkochungen von Kornelkirschen und der Baumrinde wirken fiebersenkend, zusammenziehend sowie gegen Darmerkrankungen und Durchfallerkrankungen.

Planetarische Zugehörigkeit
Die duftenden, zarten, gelben Blüten der Kornelkirsche und ihr süßsaurer Saft zeigen eindeutige Signaturen der Venusfrüchte, die die männlichen und weiblichen Geschlechtsorgane und die Gebärmutter regieren. Als Aphrodisiakum und Frauenfrucht gehören die hervorragenden Beeren zu dieser Gruppe.

SCHLEHDORN

Prunus spinosa

Kraftspenderin im Winter

Die Schlehe ist meist als wilder und undurchdringlicher Strauch bekannt und die wenigsten wissen von ihren vielseitigen Heilkräften. Nicht nur für uns Menschen ist der Schwarzdorn, wie die Pflanze auch genannt wird, wertvoll, sondern ebenso für zahlreiche Tiere wie Igel, Haselmaus und eine Menge Vögel: Für sie stellt er mit seinem dichten, dornigen Gestrüpp einen wichtigen Schutz- und Rückzugsort vor Fressfeinden dar. Im frühen Frühjahr zur Blüte ist er eine wichtige Nahrungsquelle für Bienen und Schmetterlinge. Ehe die dornige Pflanze ihre grünen Blätter treiben lässt, verwandelt sie sich vor allen anderen Sträuchern in ein Meer von weißen Blüten. Diese schmecken durch den Gehalt an Blausäureglykosiden bittermandelartig. Die blauen, sauer bis herben Beeren mit ihrem hohen Gehalt an Vitamin C gaben schon den Menschen in der Steinzeit viel Kraft, um den harten Winter zu bewältigen.

Wie allen dornigen Pflanzen schrieb man der Schlehe Abwehrkräfte gegen Hexen und böse Geister zu. Zweige an Stalltüren genagelt oder in den Misthaufen gesteckt sollten die bösen Mächte verscheuchen. In einem mittelalterlichen Zauberbuch aus Böhmen heißt es: »Dass dem Vieh nichts geschehe, hole den Schlehdorn vor Sonnenaufgang am Walpurgisabend, mache ein Säcklein voll, nimm von jeglicher Kuh ein bisschen Milch, läbe sie, als wenn du Käs machen willst, gieße diese Milch ins Säcklein, worin der Schlehdorn liegt, und hänge dies alles in Rauch, so wird dir keine Hexe schaden.«

Erkennungsmerkmale

Im Sommer färben sich die haselnussgroßen Beeren des bis zu 4 Meter hohen Busches blauschwarz, während er im Frühling weiße Blüten trägt, die schon im März – noch vor den grünen Blättern – erscheinen. An der schwarzen Rinde der Äste sitzen bis zu 2 Zentimeter lange Dornen. Die eiförmigen, kleinen Blätter zeigen am Rand zierliche Zähne.

Essbare Teile

Mit Schlehenblüten lassen sich ab März zauberhafte Tees aufbrühen und Speisen dekorieren. Ab November sind die dunkelblauen Früchte reif und bereit, zu Mus, Säften, Marmeladen und Spirituosen verarbeitet zu werden.

Standort

Der Schlehdorn fühlt sich in Gesellschaft von Hecken und Büschen zwischen landwirtschaftlich genutzten Feldern sehr wohl. Ebenso genießt er das Umfeld von lichtdurchfluteten Lagen an Waldrändern und Lichtungen.

Wirkstoffe

Flavonglykoside, Fruchtsäuren, Gerbstoffe, Pektin, Rutin, Vitamin C.

Gesundheitsfördernde Wirkung

Die Pflanze findet Verwendung bei Erkältung, Fieber, Frühjahrsmüdigkeit, Harnsteinen, Harnwegsentzündung, Magenschleimhautentzündung, Magenkrämpfen, Nierenproblemen, Nierensteinen, Rheuma, Verstopfung und Zahnfleischentzündungen.

Planetarische Zugehörigkeit

Die Schlehe wird aufgrund ihrer Dornen dem Planeten Mars zugeordnet. Marssignaturen sind auch als Schutzsignaturen zu verstehen. Man nutzt sie generell zur Entgiftung und Energetisierung bei Kraftlosigkeit und zur Steigerung der Abwehrkräfte. Weitere Indikationen sind Angstzustände und Willensschwäche. Die Schlehe verbindet Empfindlichkeit und Schutzhaftigkeit und kann sensiblen Menschen helfen, sich zu schützen und abzugrenzen.

WEISSDORN

Crataegus oxyyacantha, Crataegus monogyna

Bester Heiler des Herzens und Lieblingsdelikatesse von Merlin dem Zauberer

Für die Germanen bedeutete die Weißdornhecke Geborgenheit und Schutz vor Angreifern und wilden Tieren. Damit gewährte sie einen guten Schlaf und wunderbare Träume. In der Hagedornhecke saß der Überlieferung nach die Hagesuzze, die gute Hexe oder alte und weise Frau, wo sie die heilenden Kräuter und neunerlei Holz für das Herdfeuer sammelte.

Der Weißdorn gilt außerdem als einer der heiligsten Bäume der Kelten und dient seit alters als Wohnort der Feen und Elfen. Der Legende nach brachte Joseph von Arimathia den Abendmahlkelch vom Heiligen Land nach England und steckte hier seinen Wanderstab, einen Weißdornzweig, in den Boden. Dieser wurzelte und entwickelte sich zu einem prächtigen Busch, der bis heute jedes Jahr zur Weihnachtszeit austreibt. König Artus, der mit seinen Rittern den Kelch als Heiligen Gral hütete, ließ sich jährlich einen blühenden Zweig von diesem Hagedornbusch bringen. Seit dieser Zeit erhält das britische Königshaus immer zur Weihnachtszeit einen blühenden Zweig von diesem noch heute zu bewundernden, lebenskräftigen Strauch.

In der Küche wurden geröstete Weißdornkerne früher als Kaffee-Ersatz verwendet und das getrocknete Fruchtfleisch als Mehlzusatz. Aber auch die Früchte sind nicht nur eine Delikatesse für Vögel: Aus den Beeren lässt sich ein leckerer Saft herstellen.

Erkennungsmerkmale

Weißdorn ist ein meist stark verzweigter, 2 bis 5 Meter hoher Strauch oder ein bis zu 10 Meter hoher Baum. Die Pflanze hat dornige Zweige und ovale, gelappte und fein gezähnte Blätter. Sie trägt weiße Blüten, deren Geruch viele Insekten zur Bestäubung anlockt. Verwechselt wird Weißdorn oft im Frühling mit dem Schwarzdorn, auch Schlehe genannt. Deutlicher Unterschied: Beim Schwarzdorn erscheinen die grünen Blätter erst nach der Blüte.

Essbare Teile

Im April verzaubern Weißdorn-Blätter Salate und Tees, ebenso wie die weißen Blüten im Frühjahr, die zusätzlich auch Desserts verfeinern. Von August bis September werden die roten Beeren roh gegessen oder zu Kompott, Saft, Marmeladen und Mus verarbeitet. Die Kerne ergeben geschrotet und geröstet einen schmackhaften Kaffee ohne Koffein, ähnlich dem Geschmack von Getreidekaffee.

Standort

In der Natur findet man den Weißdorn an sonnigen Waldrändern, in Gebüschen, Wiesenrändern, Gärten und Parkanlagen.

Wirkstoffe

Flavonoide in Blättern, Früchten und Rinde, ätherisches Öl in Blüten.

Gesundheitsfördernde Wirkung

Ein Tee aus Blättern, Blüten und roten Beeren verbessert die Durchblutung der Herzkranzgefäße, senkt den Blutdruck, wirkt positiv nach einem Herzinfarkt und stärkt den Herzmuskel.

Planetarische Zugehörigkeit

Im Weißdorn mit seinen tiefroten Beeren und seinen oft langen spitzen Dornen kommt der stürmische Mars sehr stark zur Geltung – der Gott des Eisens und Blutes, der archetypische Krieger, der sich zwischen den Polen von Selbstdisziplin und rasender Begeisterung offenbart.

REZEPTE

Kornelkirschbaum

SCHLEHEN-PRALINEN

Ein süßsaurer Traum, der jede Tafel adelt.

Für 4 Personen
Zubereitungszeit: 15 Minuten

2 Handvoll Schlehenfrüchte
100 g weiße Kuvertüre
2 Bananen

Die Schlehen entkernen.
Die Kuvertüre über einem Wasserbad schmelzen. Inzwischen die Bananen schälen und in 1 cm dicke Scheiben schneiden.
Die Scheiben auf Backpapier verteilen und mit der geschmolzenen Kuvertüre übergießen.
Die Schlehen sofort auf die Schoko-Bananen geben, damit sie sich mit der Schokolade verbinden.
Die Pralinen im Kühlschrank fest werden lassen und bis zum Verzehr kühl aufbewahren.

NATTERNKOPF-RADIESERL

Inspirierende Farbenpracht, die das dritte Auge öffnet.

Für 4 Personen
Zubereitungszeit: 15 Minuten

1 Zehe Knoblauch
12 Radieschen
250 g Hüttenkäse
Kräutersalz
1 Handvoll Natternkopfblüten

Den Knoblauch abziehen und pressen. Die Radieschen halbieren. Den Hüttenkäse mit dem Knoblauch vermengen und auf die Radieschenhälften verteilen.
Die Radieschen mit Kräutersalz würzen, mit den Blüten bestreuen und servieren.

SCHLEHENFRÜCHTE MIT WEISSEM SCHOKOLADENPARFAIT

Der Start in die Wintersaison mit einem Geschmack, der seit Jahrtausenden die klirrend kalte Zeit versüßt.

Für 4 Personen | Zubereitungszeit: 20 Minuten | Tiefkühlzeit: 2 Stunden

Für das Parfait
70 g weiße Kuvertüre
1 Eiweiß
2 Eigelb
20 g flüssiger Honig
1 Pck. Vanillezucker
1 Prise Salz
120 g Sahne

Außerdem
2 Handvoll Schlehenfrüchte
20 g Zucker nach Belieben

Für das Parfait die Kuvertüre über einem Wasserbad schmelzen. Das Eiweiß steif schlagen. Das Eigelb, den Honig, den Vanillezucker sowie das Salz in eine Schüssel geben und schaumig aufschlagen. Die Kuvertüre glatt rühren und unter Rühren in die Eigelbmasse einfließen lassen. Anschließend den Eischnee unterheben. Die Sahne steif schlagen und unter die Ei-Kuvertüre-Masse ziehen. Die Parfaitmischung gleichmäßig in kleine Förmchen (à ca. 125 ml Fassungsvermögen) verteilen, glatt streichen und etwa 2 Stunden tiefkühlen.

Die Schlehen entkernen und nach Belieben mit dem Zucker süßen.

Das Schoko-Parfait kurz vor dem Servieren aus den Förmchen stürzen und gemeinsam mit den Schlehen anrichten.

WEISSDORNBEERENSAFT

Roter Beerensaft, der die Sinne verzaubert.

Für ca. 2,5 l | Zubereitungszeit: 50 Minuten

½ 5-l-Topf frisch gesammelte Weißdornbeeren
250–500 g Zucker (Menge je nach Geschmack)

Die Weißdornbeeren in einen Topf (5 l Fassungsvermögen) geben und diesen bis 2 cm unter dem Rand mit Wasser auffüllen. Das Wasser aufkochen und die Beeren 30 Minuten köcheln lassen.

Dann mit einem Stabmixer pürieren und anschließend durch ein Sieb passieren. Die aufgefangene Flüssigkeit in einem Topf mit dem Zucker verrühren, erneut aufkochen und 5 Minuten köcheln lassen.

Anschließend den Saft noch sehr heiß in vorbereitete, sterilisierte Flaschen füllen. Diese verschließen und mit dem Flaschenhals nach unten (dadurch werden die Bakterien an der Flaschenöffnung zerstört und der Saft ist lange haltbar) in einen Korb stellen und 30 Minuten abkühlen lassen.

Danach die Flaschen wieder umdrehen und den Saft vollständig abkühlen lassen. Er ist mehrere Jahre haltbar.

TIPP
Der Saft kann auch mit Kornelkirschen zubereitet werden.

WEISSDORN-MASCARPONE-DESSERT

Merlins Lieblingsfrucht verzückt jeden Fan der Spitzenküche.

Für 4 Personen | Zubereitungszeit: 45 Minuten

Für die Garnitur
40 g Zartbitterkuvertüre
1 Handvoll Minzblätter
essbare Blüten von Wildkräutern oder Wiesenblumen (z. B. Indisches Springkraut, Klee, Gänseblümchen)
2 Handvoll Weißdornbeeren

Für das Weißdorn-Mascarpone-Dessert
200 g Sahne
250 g Mascarpone
200 g Schmand
Mark von ½ Vanilleschote
Zucker zum Süßen nach Geschmack

Für die Garnitur die Kuvertüre über einem Wasserbad schmelzen. Die Minzblätter durch die geschmolzene Schokolade ziehen, auf Backpapier legen und zum Festwerden der Schokolade in den Kühlschrank stellen.

Für das Weißdorn-Mascarpone-Dessert die Sahne steif schlagen. Den Mascarpone, den Schmand und das Vanillemark mit einem Schneebesen verrühren. Anschließend die Sahne unterheben. Die Creme mit Zucker abschmecken und in Glasschalen füllen. Bis zum Servieren kalt stellen.

Vor dem Anrichten die Weißdornbeeren entkernen, leicht zuckern und zusammen mit den Schokoladen-Minzblättern und Wildblüten dekorativ auf dem Dessert verteilen.

TIPP
Im Winter können die Weißdornbeeren durch Schlehen ersetzt werden.

WEISSDORNMÜSLI

Diese rote Wildfrucht verleiht allen erlesenen Speisekompositionen eine besondere Note.

Für 1 Person | Zubereitungszeit: 20 Minuten | Ruhezeit: 30 Minuten

1 Handvoll Weißdornbeeren
½ Apfel
5 Walnusskerne (frisch gesammelte Nüsse; alternativ 10 Walnusskernhälften)
2 Datteln
50 g Hüttenkäse
Saft von ½ Zitrone
30 ml Haselnussdrink (Rezept siehe Seite 178)
10 Haselnusskerne
je 5 weiße und rote Trauben
1 EL Haferflocken
Waldhonig zum Süßen nach Geschmack

Die Weißdornbeeren entkernen. Den Apfel vom Kerngehäuse befreien und würfeln. Die Walnüsse knacken und zerkleinern. Die Datteln entsteinen und klein hacken.

Die Weißdornbeeren, den Apfel, die Walnusskerne, die Datteln, den Hüttenkäse, den Zitronensaft, den Haselnussdrink, die Haselnusskerne, die Trauben und die Haferflocken in einer Schüssel mischen. Das Müsli nach Geschmack mit Honig süßen und die Mischung 30 Minuten ruhen lassen.

Nach der Ruhezeit anrichten.

BRUNNENKRESSESALAT

Die Schärfe dieses Winterkrauts erweist sich als Multitalent in der Anti-Aging-Küche.

Für 4 Personen | Zubereitungszeit: 10 Minuten

Für die Sauce
1 Zwiebel
1 Zehe Knoblauch
1 EL weißer Balsamico
3 EL Walnussöl
frisch gemahlener schwarzer Pfeffer
Salz

Für den Salat
5 Handvoll Brunnenkresse
1 Dose Thunfisch
1 Handvoll essbare Blüten von Wildkräutern oder Wiesenblumen

Für die Sauce die Zwiebel und den Knoblauch abziehen. Die Zwiebel würfeln und den Knoblauch klein hacken. Beides in eine Schüssel geben. Mit dem Balsamico sowie dem Walnussöl vermengen. Die Salatsauce mit Pfeffer und Salz abschmecken.

Für den Salat erst kurz vor dem Servieren die Brunnenkresse untermischen. Den Thunfisch abgießen.

Den Salat auf Teller geben und den Thunfisch darüber verteilen. Mit Kräuterblüten garnieren und servieren.

TIPP
Frisch geerntete und entkernte Weißdornbeeren oder Schlehen veredeln den Salat mit ihrem besonderen Geschmack.
An sonnigen Wintertagen schauen bereits oft Gänseblümchen mit ihren weißen Köpfchen in Wiesen hervor, sie können dann zum Garnieren für den Salat mit verwendet werden.

BRUNNENKRESSE-CREMESÜPPCHEN

Brunnenkresse – das perfekte Kraut für ein kostbares Cremesüppchen mit ganz individueller Note.

Für 4 Personen | Zubereitungszeit: 35 Minuten

3 Handvoll Brunnenkresse
3 mehligkochende Kartoffeln
2 Schalotten
2 EL Butter
800 ml Hühnerbrühe
2 EL Crème fraîche
Salz
frisch gemahlener schwarzer Pfeffer
frisch geriebene Muskatnuss

Von der Brunnenkresse grobe Stängel wegschneiden und ein paar Blättchen zum Garnieren beiseitelegen. Die Kartoffeln schälen und klein würfeln. Die Schalotten abziehen und zerkleinern.

Die Butter in einem Suppentopf erhitzen und die Schalotten darin goldgelb anschwitzen. Dann die Kartoffeln hinzufügen und die Brühe angießen. Aufkochen und abgedeckt bei mittlerer Temperatur 15 Minuten köcheln lassen, bis die Kartoffeln gar sind.

Anschließend die Brunnenkresse dazugeben und die Mischung mit einem Stabmixer oder in einem Mixer pürieren. Danach die Crème fraîche unterrühren und die Suppe mit Salz, Pfeffer und Muskatnuss abschmecken.

Die Suppe sofort auf vier Teller verteilen und mit der beiseitegelegten Brunnenkresse garnieren.

HASELKUCHEN-TRAUM

Die Natur mit ihrem himmlischen Aroma schmecken.

Für 1 Kastenform (25 cm Länge) | Zubereitungszeit: 25 Minuten
Backzeit: 50–60 Minuten

Für den Teig
200 g Haselnusskerne
150 g weiche Butter
plus mehr für die Form
190 g Zucker
1 Pck. Vanillezucker
1 Prise Salz
4 Eier
250 g Weizenmehl Type 405
12 g Backpulver
1 TL gemahlener Zimt
50 ml Milch
1 EL Rum
40 g Raspelschokolade

Für das Topping
70 g geröstete Haselnusskerne
100 g Vollmilchkuvertüre

Für den Teig die Haselnusskerne fein mahlen. Die Butter mit dem Zucker, dem Vanillezucker und dem Salz schaumig aufschlagen. Danach die Eier hinzufügen und mit der Masse verrühren. Das Mehl, das Backpulver, die gemahlenen Haselnüsse, den Zimt, die Milch, den Rum und die geraspelte Schokolade gründlich unterrühren.

Den Teig in die gefettete Kastenform füllen, glatt streichen und im vorgeheizten Backofen auf der mittleren Schiene bei 180 °C Ober-/Unterhitze 50–60 Minuten backen. Anschließend aus dem Backofen nehmen und den Kuchen mindestens lauwarm abkühlen lassen, bevor er aus der Form gelöst wird.

Für das Topping die gerösteten Haselnüsse klein hacken. Die Kuvertüre über einem Wasserbad schmelzen. Den Kuchen mit der Kuvertüre bestreichen und mittig der Länge nach mit den gehackten Haselnüssen bestreuen.

TIPP

Man kann die Haselnüsse für das Topping auch selbst rösten. Dafür die Kerne auf einem Backblech verteilen und im vorgeheizten Backofen bei 180 °C Ober-/Unterhitze 7–12 Minuten backen.

HASELNUSSDRINK

Veganer Genuss mit den Früchten eines Zauberbaums.

Für ca. 1 l | Zubereitungszeit: 10 Minuten | Ruhezeit: über Nacht

200 g Haselnusskerne
1 l Quellwasser
1 Prise Salz

Die Haselnüsse in kaltem Wasser über Nacht einweichen. Am nächsten Morgen die Nüsse abgießen. Anschließend mit dem Quellwasser und dem Salz in einem Hochleistungsmixer zu einer sämigen, glatten Masse pürieren.

Zum Passieren der Nussmasse eine große Schüssel mit einem feinen Passier- oder Geschirrtuch auslegen und das Nuss-Wasser-Gemisch einfüllen. Die Seiten des Tuchs zusammennehmen und fest eindrehen. Das Tuch während des Auswringens von beiden Seiten fest zusammendrücken, damit die Flüssigkeit abtropfen kann.

Die abgetropfte Flüssigkeit in eine vorbereitete, sterilisierte Flasche abfüllen, luftdicht verschließen und im Kühlschrank aufbewahren. Der Haselnussdrink kann zum Beispiel statt Milch zu Müsli, Porridge, Kaffee oder als Milchersatz für heiße Schokolade verwendet werden.

TIPP

Nach Belieben der Mischung vor dem Mixen Agavendicksaft, Ahornsirup, Datteln oder Honig hinzufügen. Für weitere Aromen kann man etwas Vanille- oder Zimtpulver unterrühren. Den Trester (die Masse, die beim Passieren übrig bleibt) mit Müsli oder Porridge mischen.

REGISTER

PFLANZEREGISTER

REZEPTE

ÜBER DIE AUTORIN

Caroline Deiß beschäftigt sich seit ihrer Kindheit mit der Kraft essbarer Wildpflanzen. Schon ihre Schulferien verbrachte sie oft auf dem Selbstversorgerhof ihrer Verwandten im Schwarzwald, wo sie lernte, aus Wildfrüchten und Wildkräutern die besten Speisen zu zaubern. Die Faszination für und ihr Wissen über die Wildpflanzenküche gibt sie heute in Kochkursen und auf Kräuterführungen weiter.

ÜBER DIE FOTOGRAFIN

Sylwia Erdmanska-Kolanczyk wuchs auf einem Bauernhof auf und liebt bis heute die ländliche Idylle. Obwohl sie nicht mehr auf dem Land lebt, versucht sie der Natur so verbunden wie möglich zu bleiben.
Ihre zwei großen Leidenschaften sind das Kochen und die Foodfotografie. Kochen ist für sie selbstverständlicher Alltag: Frisch, gesund und vor allem lecker soll es sein! Ihr Motto: »Iss natürlich. Hauptsächlich pflanzlich. Nicht zu viel.«

IMPRESSUM

Produktmanagement: Stefanie Gückstock
Redaktion: Constanze Lüdicke
Korrektorat: Birgit Schneck
Layout: Elke Mader
Umschlaggestaltung: Regina Degenkolbe
Repro: LUDWIG:media
Herstellung: Julia Hegele

Printed in Türkiye by Elma Basim

Texte: Caroline Deiß
Fotografie: siehe Bildnachweis

★★★★★

Sind Sie mit diesem Titel zufrieden? Dann würden wir uns über Ihre Weiterempfehlung freuen. Erzählen Sie es im Freundeskreis, berichten Sie Ihrem Buchhändler oder bewerten Sie bei Onlinekauf. Und wenn Sie Kritik, Korrekturen, Aktualisierungen haben, freuen wir uns über Ihre Nachricht an Christian Verlag GmbH, Postfach 40 02 09, D-80702 München oder per E-Mail an lektorat@verlagshaus.de

Unser komplettes Programm finden Sie unter

www.christian-verlag.de

Die Deutsche Nationalbibliothek verzeichnet diese Publikation in der Deutschen Nationalbibliografie; detaillierte bibliografische Daten sind im Internet über http://dnb.d-nb.de abrufbar.

Infanteriestraße 11a
80797 München

ISBN 978-3-95961-777-2

MIX
Aus vorbildlich bewirtschafteten Wäldern
FSC® C164814

BILDNACHWEIS

Alle Bilder des Innenteils stammen von **Sylwia Erdmanska-Kolanczyk** mit Ausnahme von Covermotiv, Vorsatz links unten (Autorin), Kapitelaufmacher, S. 3, S. 17, S. 21 oben rechts, S. 23, S. 25, S. 27 oben rechts, S. 29 oben rechts, S. 31, S. 33 oben rechts, S. 35 oben rechts, S. 37, S. 39, S. 41 oben rechts, S. 81, S. 83 oben links, S. 85, S. 87 rechts, S. 89, S. 91 oben rechts, S. 95, S. 97, S. 99, S. 107, S. 109, S. 111, S. 182 oben (Porträtfoto Caroline Deiß), Nachsatz Mitte unten rechts (Autorin, Nachsatz oben links außen, Buchrückseite Mitte (Autorin): **Ingolf Hatz**; Vorsatz Mitte unten links (Kirschtörtchen), Vorsatz Mitte oben rechts (Obstsalat), S. 59 oben rechts, S. 121 oben links, S. 136 oben rechts, S. 137 oben rechts, S. 139, S. 141, S. 143, S. 149, S. 163 oben rechts, Nachsatz Mitte links (Wildkirschkonfitüre): **Julia Hildebrand**; S. 113: **Caroline Deiß**; S. 6–7: shutterstock/Garan Julia, S. 9: shutterstock/Kristi Blokhin, S. 11: shutterstock/Viktoria UA, S. 12: shutterstock/pxl.store, S. 17: shutterstock/Jiri Hera, S. 29 unten links: shutterstock/Peter Turner Photography, S. 33: shuttestock/Mike Russell, S. 35 unten links: shutterstock/Orest lyzhechka, S. 41 unten links: shutterstock/Przemyslaw Muszynski, S. 42: shutterstock/olko1975, S. 79: shutterstock/crystaldream, S. 93: shutterstock/Lux pictura, S. 103: shutterstock/weha, S. 104: shutterstock/Manfred Ruckszio, S. 101: shutterstock/Yuliya Padina, S. 112: shutterstock/ChBsc, S. 115: shutterstock/Nina Firsova, S. 120: shutterstock/ Madeleine Steinbach, S. 131 u. Vorsatz: shutterstock/Evgrafova Sevtlana, S. 133: shutterstock/Olga Markova S. 136 links: shutterstock/Per Wadskjaer, S. 137 oben links u. Nachsatz: natashamam, S. 153: shutterstock/Picmic, S. 155 oben: shutterstock/Ksenija Rizova, S. 155 unten: shutterstock/Foto_Port/ S. 157: shutterstock/milart, S. 159: shutterstock/Stefan_Sutka, S. 162: shutterstock/Photodigitaal.nl.

Ebenfalls erhältlich ...

ISBN 978-3-95961-211-1

ISBN 978-3-95961-411-5

ISBN 978-3-95961-615-7

ISBN 978-3-95961-370-5

CHRISTIAN

www.christian-verlag.de